# 替えの利かない「あなたとわたし」

矢作直樹

サンマーク出版

## はじめに

# 目の前にあるものを「受け入れる」ということ

二〇一九年末からはじまった新型コロナ騒動。世間では「コロナ禍」と呼ぶことが多いのですが、わたしはあえて〝禍〟と呼ばず、〝幸〟ととらえたいと思います。

自分が生きてきたその時間を否定したくないし、この騒動としっかり向き合うことで得た学びを、未来に生かしていきたいのです。

そのためには、まず目の前の出来事と自分自身を「受け入れる」ことが出発点になると思います。わたしという存在、家族、ご先祖様、生まれた地域、などです。

ちょっとカッコいい言い方をすると、「宿命を受け入れる」でしょうか。

すべては、そこからです。

中今《なかいま》をご存じでしょうか？

日本の伝統的な言葉です。かんたんに言うと「今の瞬間を生きる」ということ。日本古来の〝惟神《かんながら》の道〟からきていて、日本独自の生き方の規範です。

「お天道《てんとう》様は見ている」「八百万《やおよろず》の神」なども、惟神の道からきています。


「今」は過去の積み重ねです。その過去を否定したら、今はありません。

今を否定したら、その積み重ねの「未来」も否定することになる。

そうなれば、目の前のことを否定しながらどんなにがんばっても、未来の幸せへとつなげるのは難しくなります。


今に生きる「中今」という生き方。ご先祖様たちは「素晴らしい考え方だ」「日本人にしっくりくる生き方だ」ととらえ、子孫たちに伝えてきました。

これは、宗教ではありません。中今は、古来脈々と受け継がれ、今風に言えば、まさに「幸せにつながる生き方」です。

わたしもこの生き方が大好きで、講演や著書でいつも話します。

わたしは大学病院の救急医療で、急を要する人の医療に長い間あたってきました。救急医療という性格上、多くの人の生死がつねに傍《そば》にあります。その経験をもとにした『人は死なない』という本を在職中に書きました。現在の未熟な科学では説明できない死後の世界や日本人の死生観について述べたものです。有り難いことに、話題にしていただきました。

現在は、大学病院を任期満了退官し、執筆や講演を行う仕事に就きながら、先ほど述べた「中今」こそが、日本人の幸せへとつながる、いちばん適した生き方であることを、わたし自身の死生観とともにお話しさせてもらっています。

## そこに「いる」だけでいい、という安心感

ところで、わたしたちが赤ちゃんのころは、ただそこに「いる」だけでいい、健康な子に育ってくれるだけでいい、と親から思われていたはずです。

それが成長とともに「いい成績をとりなさい」「いい会社やいい職に就きなさい」「業績を上げなさい」、あるいは自分から「もっといい給料をもらいたい」「もっと高い地位に就きたい」「もっと有名になりたい」という欲からくる「する」に走るようになります。

社会生活を送るうえで「する」はもちろん必要なのですが、とくに現代においては、そこに重きが置かれます。「いる」という存在よりも、「する」という行為のほうが圧倒的に優位になっているように思われます。

自分がここに「いる」という存在の価値、ただ「いる」だけで安心できる場所、「いる」だけで安らぐ関係……。

この「いる」ことの重さを見失って、誰もが「する」にとらわれすぎていることこそが、現代を生きにくくしている大きな要因のように感じるのです。

波のように襲ってくる不安や不満などが社会に充満しているのは、とにもかくにも何かを「しなければならない」という意識や強迫観念からきているのではないかとも思います。

〝「いる」だけでいい〟は、素の自分になれる瞬間です。時間も空間も超えて、お天道様（宇宙）とつながるような感覚になり、心が安らいで元気が湧いてきます。

素の自分になれると、自分の弱さも強さもまるごと受け入れられるようになります。人と比べることもなく、モノや出来事にもしぜんと感謝の気持ちが湧き、目の前のことに集中しやすくなります。

この感覚こそ、じつは先ほど述べた「中今」に直結するものです。

かつての日本、たとえば江戸時代に生きたわたしたちのご先祖様は、自分が存在していることに重きを置き、自らの宿命を受け入れて、中今でたくましく生きていました。それをみなで共有し、子孫たちへ継承しながら、生き方の手本としてきたのだと思われます。

こうして脈々と受け継がれてきた中今の生き方は、明治時代でいったん薄れました。そして第二次世界大戦後のアメリカＧＨＱによる政策がもとで、途絶えてしまいました。

もちろんそれが外圧によるものであったとしても、日本人自らがご先祖様から受け継いできた生き方を捨ててしまったことにほかなりません。

本書では、その「中今」の生き方を解説しながら、現代のわたしたちが幸せを感じて生きるために必要不可欠なことをお伝えできればと思います。

読み終えるころには、「今ここにいるだけで自分はこんなにも価値があるのか」「考え方を変えるだけでわたしは、わたしでいいんだ」と感じてもらえるでしょう。

自分という存在が、けっして「替えが利かない存在」だとわかれば、心の底からほっとできる感情も湧いてくるでしょう。生きる希望や自信も持てるはずです。

どうぞ、ゆっくりじっくり、おつき合いください。

矢作直樹

# 替えの利かない
# 「あなたとわたし」

・目次・

はじめに――1
目の前にあるものを「受け入れる」ということ――1
そこに「いる」だけでいい、という安心感――3

第一章 あなたもわたしも、かけがえのない存在

息ができるだけで奇跡の連続なのです――16
朝あなたが目覚めるのは「当たり前」ですか？――18
何かと比べてしまう「自己肯定感」に引きこまれない――20
人間はみんな一人一人、違って当たり前――22

役目とは、目の前のものに懸命に取り組むこと――24
大切な人が苦しんでいるとき、どうしたらいい？――27
みんながやっていることは正しい、はホント？――30
「かけがえのない存在」をわからなくさせたもの――33
自分を「受け入れる」ことからはじめよう――36

## 第二章 ご先祖様の生き方から何を学ぶか？

ひいおじいちゃんは江戸っ子だった!?――42
江戸時代に犯罪が極端に少なかった理由――44
昔の日本人は笑いじょうごで時間にだらしなかった!?――46
お天道様と一緒に生きる、という感覚――48

江戸時代の〝識字率〟を知っていますか？――50
和装と草履は健康的で合理的なすぐれもの――52
「宿命」を楽しむと「運命」が動きだす――54
仕事に向き合う姿勢が西洋とまったく異なる日本――57
「歩くのが当たり前」だと思うだけでここまでできる――59
日本文化が世界の憧れになっているという事実――61
入ってくるものを一方的に受け入れるのはキケンです――63
日本の歴史が一度も途切れることなく続いてきたのは？――66
すべての存在と多様性を許容する「大調和」の世界――68
明治維新の裏を知れば、見えている世界が変わる――70
死と正面から向き合うことで、感謝と覚悟が生まれる――72
「意気地なし！」は最大の侮辱の言葉――75

第三章

# 本来の自分に戻る15のヒント

ご先祖様から学ぶ、「幸せの道」への三つの柱――78
1 不満があるときこそ〝ありがとう〟――82
2 目の前のことに集中していますか？――84
3 それでもなかなか集中できないときは？――86
4 〝推し〟のためならなんでもできる！――88
5 童心に返る時間をつくる――90
6 病気は不幸な出来事ではありません――92
7 堂々巡りしていたら「視点」を変えてみる――94
8 気持ち一つで、なんでもできる！――96
9 まずは目の前のことを一生懸命やってみませんか――98

10 地位が高くて給料が多ければ幸せですか？ 100
11 無意識のうちに人と比べていませんか？ 102
12 我慢があなたを苦しめています 104
13 孤独感が消えないときはどうしたらいい？ 106
14 五感を発動させましょう！ 108
15 自分の存在は小さい？ 大きい？ 110

第四章

# 魂は「不自由な世界」を味わうためにやってきた

生死のバランスが崩れてしまうと？ 114
ご先祖様の魂と一緒に過ごす行事 116
魂と肉体が一つになったのが、わたしたち〝人間〟です 118

夢を見ているとき、魂は自由に動きまわっている――120
「体外離脱」も魂の活動の一つです――122
この世とあの世のある場所はじつは同じ!?――124
あの世が「家」で、この世は「旅先」です――126
人は「やり残したテーマ」を解決するために生まれてくる――129
寿命は「長ければいい」というものではありません――131
動機さえ純粋ならば結末はハッピーになる――133
素直な心で静かに「魂の声」を聞きましょう――135

## 第五章 今までもこれからも、あなたのままでいい

「中今」で本来の自分に戻りましょう――138

コラム①「ありのままの自分」を感じる、中今のなり方——140
コラム② 中今になり直覚（直観）を得る——141
自分にあるものだけで、すでにじゅうぶんなんです——142
今、ここで、いつでも、一瞬で幸せになる——144
魂と体が「食べたい！」と思うものを選ぶ——146
あなたが幸せなら、すべてがうまくいく！——148
替えの利かない、あなたとわたし——150
お天道様はいつもあなたを見ています——152

おわりに——155
視座を変えると見えてくるもの——155
日本の価値は、すべてを壊さず「包みこむ」——157

# 第一章

# あなたもわたしも、かけがえのない存在

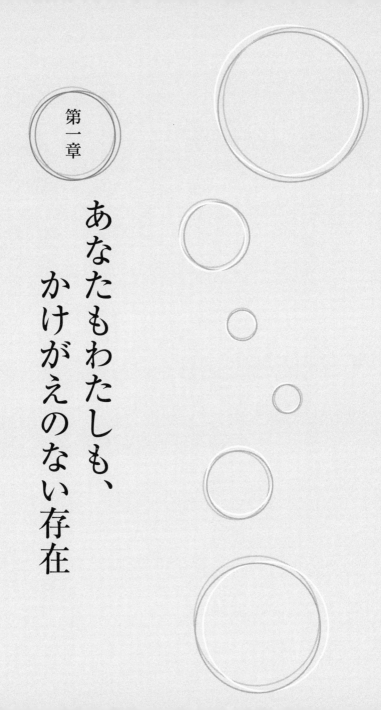

# 息ができるだけで奇跡の連続なのです

わたしたちが毎日ふつうに呼吸ができていることを、あなたは当たり前だと思っていませんか。

でも、いつなんどき、それが当たり前にできなくなるかもしれません。

救急医療の現場で働いていたわたしは、救急車で運ばれてくる人を毎日たくさん診てきました。息ができず酸素が脳にいきわたらなくなると、脳は酸欠になってやがて心臓も止まってしまいます。そういう切迫した状況では人工呼吸器をつけて、人工的に酸素を送ります。

今こうして苦労もなく息をしていられるのは、けっして当たり前ではありません。

それは、奇跡の連続です。

わたしたちの体は、呼吸により肺で血液にとり入れた酸素を心臓に送り、全身に運ぶことで命を保ち続けています。誰に指示されるでもなく、あなたという人間を生かすために、体じゅうが働いてくれているのです。

息ができるのは、地球上に酸素があるおかげです。空気の大半は窒素ですが、酸素が二一％ほど存在し、この二つの成分で九九％を占めています。こうしたバランスがあるから、息をすることができるのです。わたしたちは、この地球上でなければ、生きていられないのです。

さらに言えば、人の細胞には約二万数千個の遺伝子があると言われています。そこには、わたしたちの両親、またその両親……というように、ご先祖様がずっと途切れずに命を繋《つな》いできてくれた歴史が詰まっています。

その誰か一人でも欠けていたら、今の自分は存在していません。

そんな奇跡の連続のなかで、わたしたちは生かされているのです。

# 朝あなたが目覚めるのは「当たり前」ですか？

息ができるだけで奇跡なのと同じように、朝、目が覚めることも、じつは奇跡的なことです。

事故や体調が急変して救急車で運ばれてくる人のなかには、意識が戻らずに亡くなる人がいます。自宅で脳卒中や心臓麻痺《まひ》を起こして、朝目覚めないまま死んでいく場合もあります。

わたしたちは、つねに死と隣り合わせで過ごしている。それが生きているということなのです。

体は今も、わたしの命を保つために、誰に命令されるでもなく二四時間働いてくれています。

そんな自分の体にやさしい目を向けて、感謝してみませんか。
声に出して「ありがとう」と言ってもいいし、体をやさしくさすりながら、心のなかでつぶやいてもいいでしょう。

わたしは朝、目が覚めたら、息ができていることにまず感謝します。そして、手足が動くことがわかると、「ああ、今日もありがとう、一日よろしくおつき合いくださいね」と体に挨拶をします。

コップを持って水が飲めること、トイレに行けること、朝食を摂《と》れること、身支度ができること……、体が動くことすべてに感謝して一日をはじめます。

そして夜は「今日も一日ありがとうございます」と、自分のために働いてくれた体に感謝して布団に入ります。

ありがたいとは、文字通り「有り難い」わけですから、「当たり前ではない」ということ。朝、目覚められるのも、息ができるのも、じつは当たり前ではないのです。

# 何かと比べてしまう「自己肯定感」に引きこまれない

最近、よく聞く言葉に「自己肯定感」があります。幸せになるための大事な言葉だと言う人がいますが、わたしは、そう思いません。
何かと比べる言葉だからです。
比べることは、自分を見失う不幸のはじまりです。

あなたは、自己肯定感が高いですか、低いですかと尋ねられたら、「自分は低いほうだ」「低い自分はダメなんだ」「もっと高めなきゃいけない？」「肯定するほうがいいに決まっている」「自分はどうも否定しがちな性格だ」など、すべてどちらか一つに誘導していることに気づきませんか。

これは二元論の発想です。物事を、善と悪、味方と敵、など二分割して考える二元論は、西洋的な発想による思考法です。

二元論そのものは否定しませんが、そもそも「人」の存在に当てはめるものでないと思います。人間の存在や感情は、そんな単純に二つに分けられるものではないからです。

感情とは一日のなかで、風のように、波のように、雲のように、ゆらゆら揺らぐもの。否定的になる瞬間もあれば、肯定的な気持ちになることもあります。つねに定まることなく、複雑で繊細です。

もし世界にたった一人、あなたしか存在しなかったら、比べる相手がいないので、否定も肯定もしないでしょう。

他者と比較したり、青い鳥症候群に陥ったり、人のせいにしたりする……これらはすべて不幸のはじまりの芽です。

自己肯定感は、「かけがえのない存在」の自分から遠のく言葉なのです。

むしろ積極的に自分のすべてを受け入れ、あなたの目の前にあることに懸命に取り組むこと。それがすべてのスタートラインです。

# 人間はみんな一人一人、違って当たり前

わたしたちは、いくら血のつながった親子やきょうだいでも「他者」です。関係が近い配偶者や恋人でも同じです。

近くにいると、この当たり前のことをつい忘れてしまいます。自分の考えを押しつけたり、意見が分かれると、イライラしたりケンカになったりして、勝手に悩みをつくりはじめるのです。

「わたしとあなたは違う」

そう、一人一人が違う存在なのですから、同じように考えたり行動したりする必要はありません。そのことをしっかり意識して生きるべきです。

「親子が他者だって!?」

そう聞いて、驚く人もいるでしょう。

子供が困ったときに手を差しのべたいのが親ごころ。

親はいざとなったら助けてくれるだろうと思うのが子供の下ごころ。

互いに他者だと思うには、なかなか勇気がいります。


でも、新型コロナ騒動を境にして、社会、そして世界は大きく変化してきています。これまでの常識や仕組みが変わり、大きな混乱も予想されます。親は子供を助けてあげられなくなるかもしれません。

そんなときに、この心構えは自分を守ることになるはずです。


みな、一人一人が他者。当たり前のことですが、このことを忘れずに関係を紡いでいけば、互いにズレが生じたり、わかり合えないときがあっても、感情的にならずに、傷が小さいうちにおさまるような気がします。

そして、相手を大切にする気持ちさえ忘れないでいれば、誰でも互いに「かけがえのない存在」だと感じ合えると、わたしは思っています。

# 役目とは、目の前のものに懸命に取り組むこと

わたしたちの人生にはそれぞれ「役目」があると思っています。

自分と他者が違う存在のように、一人一人の役目も異なります。

「矢作先生のようなお方は、ご自身のお役目がはっきりわかっているのでしょうけど、わたしには全然わからない」

そう思う人もいるかもしれません。

じつは、わたしも大学病院を退官する前後まで、自分の役目がわからずにいました。とにかく目の前のことに無我夢中で懸命に取り組んだ毎日だったのです。

そもそも、人生における役目とは、そうかんたんにわかるものではありません。振り返

ると、わたしも自分の役目を知るために、目の前のことに懸命に取り組んだのだ、とも言えます。

もしも一生涯、自分の役目がわからなかったとしても、目の前のことに懸命に取り組んできたのならば、そのことこそが、あなたの役目だったと言えると思うのです。

それを裏づける理由が、じつはちゃんとあります。詳しくは第四章で話します。

今、あなたがいる職場、就いている仕事、一緒にいる配偶者、通う学校など、目の前にあることは、すべて偶然ではありません。縁があってあなたの目の前にあるのです。

自ら見つけたものもあれば、人から紹介されたものもあるでしょう。試験や面接を受けて決まったものや、断ることのできたものもあるけれど、すべて自分で選んできた結果が「今」なのです。

だからこそ、今ここでしっかりと腰を据えて、目の前のことに懸命に取り組むのは価値あることなのです。

「夢中になれるものがない」とか「こんなことしていてなんの役に立つのだろう」とか

「こんなところで埋もれていたくない」などと言って、いつもちょこっとやっては場所を変えたりしてアレコレと探しても、けっしてわかるものではありません。

むしろそれは、目の前のことを否定し、逃げることになってしまいます。

正解のないものを自分流に導き出すことに慣れていないわたしたちには、ここが苦しさのポイントかもしれませんね。

# 大切な人が苦しんでいるとき、どうしたらいい？

身近で大切な人が、病気や大変な出来事に見舞われたりして、不幸のまっただなかにいるようなとき、わたしたちはなんとか力になれないものかと考えます。

苦しんでいる本人と代わってあげることはできないので、自分もどんどん苦しくなってきます。

早くラクにさせてあげたい、早く立ち直ってほしい、そんな思いで「あそこの病院はどう？」とか「気分転換にあれをやってみたら？」などと口うるさくなってしまうかもしれません。


でも、本人が望まないことを押しつけてはいけません。

これは、医療従事者も同じです。心の準備ができていない患者さんに、どんな言葉をかけても届かないし、響かないのです。

ですから、患者さんから聞かれたり頼まれたりしない限り、静かに話を聞くことに徹します。

「それだけ？」と思うかもしれません。

でも、人の話を聞くことは、想像以上に鍛錬がいります。

いつも同じことを聞かされると、うんざりするときもあります。聞くだけのつもりが、つい感情的に返してしまうこともあるでしょう。いつまでこんな重苦しい日が続くのだろうか、と思い煩うこともあるはずです。

とはいえ、苦しむ人の話を聞いてあげられるのが自分しかいなければ、それがあなたの役目かもしれません。相手にとっては、あなたに聞いてもらえることこそが、いちばんのクスリになるかもしれないのです。

ときには、相手がほんとうによくなってきているのかわからなくて、無力感に包まれることもあるかもしれません。それでも一日一日、目の前でしっかりと向き合い、虚心坦懐《きょしんたんかい》に聞いてあげる。

それが今、自分にできることだと受け入れてみてください。

なお、一例として鬱病に関する私見をつけ加えておきましょう。

三〇年近く医療に従事したわたしの経験から言うと、その患者さんのほとんどは、感謝の気持ちをどこかに忘れてしまっています。

不満をまわりにつぶやく前に、ご自分の「体」がひとときも休まず働きながら命を保ってくれていることに目を向けると、ずいぶんラクになるのになあ、と思うのです。

# みんながやっていることは正しい、はホント？

ところで、新型コロナ騒動中にわたしがよく受けた相談が、「まわりの言うことを鵜呑《うの》みにしてワクチンを打ち、後悔しています」でした。

まわりとは、政府や厚生労働省と、そこにつく専門家という名の学者や医師、新聞やテレビ、そこに寄稿したり出演したりするコメンテーターなどです。

政府と厚生労働省は学者と一緒になって国民を家のなかに閉じこめ、大手メディアを利用しながら、連日連夜「今日の感染者は〇〇〇人、死者は〇〇〇人」と報道してウイルスへの恐怖心を煽《あお》り、ワクチン接種へと誘導しました。

こうした洗脳のやり方は、昔からある宣伝（プロパガンダ）です。ウイルスの蔓延《まんえん》も人を閉じこめるロックダウンも、けっしてしぜんに発生したわけではありません。

人間は恐怖に支配されてしまうと、冷静に物事をとらえて正常に判断することができなくなります。そういうときに、まわりの言いなりになってしまうのです。


みんながやっていることは正しいと思った。

政府や役所の言うことを鵜呑みにした。

自分自身で調べなかった。


後悔の底にあるのは、こうした感情だと思います。

かたや、洗脳させる側なのに、厚生労働省はホームページに真実の情報を載せていました。良識ある学者や医師は、ワクチン接種に慎重な意見を発信していました。わたしも元医療従事者としての正直な意見を発信した一人です。

大手メディアは洗脳させる側なので、わたしたちは新聞やテレビを見ているだけでは「その他大勢」と違う情報を手にすることはできないのです。

新型コロナ騒動ではわたしもいろいろ学び、教えられました。その結果、「政府や役所はけっして国民の命を守らない。自分の命を守れるのは自分だけ」ということがはっきりしました。

「みんなやっているから大丈夫だろう」という物差しでいると、自分で考えたり判断したりしないまま、相手に従ってしまいます。こうした姿勢は、命をキケンな場所へ向かわせることにつながります。

わたしたち一人一人は、かけがえのない存在として、この社会に生きています。しかし、新型コロナ騒動で国民の恐怖を煽った政府や役所は、わたしたちを「かけがえのない存在」だとは思っていません。

ですから、まずは「みんなやっているから大丈夫だろう」という意識を捨てて、真実を見抜く目と、「自分の命を守れるのは自分だけ」という心構えを持つことが、これから何より必要だと思うのです。

# 「かけがえのない存在」をわからなくさせたもの

明治維新から現代にいたるまで、わたしたちに本来備わっている「力」を弱くさせてきた歴史的事実があります。

これが遠因となり、自分にそもそも素晴らしい「力」があることを信じられなかったり、「かけがえのない存在」の自分を実感できなくなったりしているように、わたしは思います。

わたしたちに本来備わっている「力」とは、五感や直観力、自然への畏怖やご先祖様を敬う霊性、病気への抵抗力や治癒力、物事の善悪を冷静に判断できる思考力などです。体力、気力、持久力、モノを自分で修理する力も、もちろんそうですね。

人が社会や自然界で生きていくために必要な力、とも言えます。

一つ一つ、ほんとうに素晴らしい力です。

ところが、わたしたちは文明という名の「便利さ」と「お金」とを引き換えにして、それらの「力」がぐんと落ちました。

◎**クルマ**↓歩かなくなり、体力が落ち、足腰が弱くなり、気力も落ちた
◎**パソコン、スマホ**↓すぐに検索に頼り、文字も書かなくなり、考える力が弱くなった
◎**病院、クスリ**↓医療に依存し、自分で病気を治す力が弱くなった
◎**電気、ガス、水道**↓ストップすると生活ができなくなった
◎**食**↓自給自足ができなくなった
◎**究極を言うと**↓お金がなければ生きていけなくなった

……数えあげると、きりがないほどたくさんありますね。


なぜ、一人一人の力が落ちたのでしょうか。

それは明治という新しい国づくりをするために、為政者側は大勢の人を統制する必要があったのです。一人一人の力を抑えて、国力や企業力を高めるためだったのです。

これは西洋が得意とする「人を統制するやり方」です。

いっぽう、日本にも古来、多くの人をまとめるやり方がありました。そのやり方は西洋とまったく異なっていたのです。これについては第二章で紹介します。

わたしが長く身を置いてきた医療界もそうです。

明治維新により、人間をまるごと診ながら、人間の持つ「力」を高める治療が主流だった東洋医学を捨て、ほとんどすべてを西洋流にしてしまいました。

風邪を例にして、その違いを少しお話ししましょう。

風邪は、現在は「風邪症候群」と言って上気道（鼻や喉）の急性炎症の総称です。免疫力が働いて、喉の痛みや咳《せき》、鼻水、熱という形で治していた。それらは、体に入って悪さをするウイルスをやっつけるための、体に備わっている立派な「力」なのです。

昔の人は、数日間ほど寝て休むことで、風邪を治していました。

ところが西洋医学では、表に出ている症状そのものを抑えようとして、解熱剤や鎮痛剤や消炎剤などを使用します。それは、体に備わっている免疫力がせっかくがんばって働いてくれているのを、横から邪魔する行為に等しいのです。

# 自分を「受け入れる」ことからはじめよう

「自分を否定する」ことからは、何もはじまりません。

人生は、自分の「宿命」を受け入れることからはじまり、そこから「運命」を切り拓《ひら》いていくものだとわたしは思うからです。


自分を否定するとは、自分への裏切り、両親やご先祖様、ひいてはご先祖様の築いた我が国の歴史への裏切りと同じことです。

自分の生まれた境遇、故郷への感謝の気持ちがあって、一人一人が「かけがえのない存在」という自信や誇り（矜持《きょうじ》）が湧くのではないでしょうか。

自信や誇りは、自分の人生を満ち足りたものにする、とても大切で必要なことです。昔は家庭と学校の両方でそれらを教えられ、社会に出て働きながら少しずつ育っていったように思います。

そもそも自分を受け入れられなければ、他者を受け入れるのはもっと難しいでしょう。

わたしは、両親や祖父母から、次のような言葉をいつも聞いていました。


「誰も見てなくても、お天道様《てんとう》はちゃんと見ているからね」

「人様やモノ、自然に感謝するんだよ」

「人様に迷惑をかけないで、礼儀正しくするんだよ」


このような古来の生きる規範は脈々と受け継がれ、どこの家庭や学校でもふつうに教えていたものです。

それが途絶えてしまったのは、いつからなのか。

明治から昭和初期までは、生活レベルでまだ残っていましたが、戦前の人たちが少なくなるにつれてだんだんと廃れてしまったように思います。

ご承知のとおり、日本は第二次世界大戦で敗れ、戦勝国のアメリカによって日本人の精神、国のあり方まで根本から破壊されました。

皇室制度、政治、軍事、経済、産業、信仰と宗教、文化、思考、教育、医療、食……まるごと日本のすべてをつくり替えられました。

「二度とアメリカに歯向かわないようにするため」に、です。

それは昭和二〇年八月から二七年四月までの約七年間に及びました。その詳細を記録した『ＧＨＱ日本占領史』（日本図書センター刊）が別巻まで入れて五六巻和訳されています。

わたしたち日本人の心持ちや幸福につながる生き方の面では、教育における占領政策が大きかったと思います。

子供たちは、我が国の歴史（国史）、日本人としての「矜持」「自分とは何か」「日本人とは何か」をいっさい教えられなくなったのです（これは今も続いています）。

戦後八〇年近くが経《た》ちました。

たしかに占領政策があった事実は消すことができません。

だからこそ、否定する前に「受け入れる」のです。

人は、いいことはすんなりと受け入れられますが、反対のことになると、なかなか受け入れられないのです。

今と未来を自分の力で、自信を持って生きるためにも、現在と過去すべてを受け入れる。そこからはじめてみませんか。

現在、残されている日本の伝統的な思想を記した書物や歌集、美術品などのどこにも、封建的な日本の姿なんて見当たりません。

意外に思うかもしれませんが、わたしたちのご先祖様の姿は明るくいきいきとしています。

次章ではその姿を一緒に見ていきましょう。

# 第二章

# ご先祖様の生き方から何を学ぶか？

# ひいおじいちゃんは江戸っ子だった⁉

江戸時代は約二六〇年も続きました。

わたしは葛飾北斎や歌川広重などの浮世絵をたくさん見たり、国学者や藩主たちが書いた国史や天皇の歌集、俳句などの文学、外国人が残した記録をいろいろ読みました。

そして、客観的な事実から見えてきた江戸時代というのは、戦後の学校教育で習ったような「身分制度が厳しい封建的な社会」でなかったということ。

いいえ、むしろ反対で、人々はみんな強い好奇心を持って、陽気でいきいきとしていて、笑いの絶えない平和な世の中だったようです。

江戸時代というと、はるか遠い時代のように思うかもしれません。

明治維新を境に、日本人は髪型も服装も、すっかり西洋化してしまったので、浮世絵に描かれている〝ちょん髷《まげ》に着物、草鞋《わらじ》や下駄《げた》〟姿の日本人を、心のどこかで同じ日本人と思えないような人もいるかもしれません。

でも、よく考えてみてください。

わたしの親は大正生まれ、その親は明治生まれ、そしてまたその親は江戸末期生まれです。

わずか一世紀半前のこと。三～四代前のご先祖様が生きた時代なのです。もしかしたらあなたのひいおじいちゃんやひいおばあちゃんもそうだったかもしれませんね。

小さいころ、わたしは父から、父の母方の祖父（わたしから見て曽祖父）の仕事について聞いていました。明治時代、海産物の商いをしていて、船で千島やカムチャツカまで行き来していたようです。

みなさんが、今ここに「いる」ということは、あなたにも江戸時代に生きたご先祖様が間違いなくいたのです。

# 江戸時代に犯罪が極端に少なかった理由

江戸時代で確実に言える事実は、犯罪がとても少なかったことです。

「大江戸八百八町」とよく言われますが、江戸の町は想像以上に広いものでした。実際、総町数一六〇〇以上もあり、八百八町の倍以上という広さになったようですが、奉行所の牢屋《ろうや》は、なんとたったの二か所しかなかったのです。

しかも、その牢屋の扉はいつも開いていたと言います。つまり、犯罪者がほぼゼロ！　これを知ったときは、とても驚きました。

史実に残る江戸時代の世の中は、とても平和だったのです。

時代劇でよく見る「浪人同士の激しい殺陣《たて》」や「何かあるとすぐ刀で〝切り捨てご免〟」というようなシーンが、そのまま江戸時代の社会を映していたわけではなかったのですね。

犯罪が少ないということはとても安定した社会で、結果として一人一人の心が満たされていたと想像できます。

人々は大らかで、寛容さもあったことでしょう。

犯罪や悪行をしてまでもお金持ちになろうというような欲を持った人が少なかったのではないかと想像します。

ちなみに、この時代のヨーロッパ諸国は、戦争と植民地支配に明け暮れていたことを、つけ加えておきたいと思います。

# 昔の日本人は笑いじょうごで時間にだらしなかった⁉

「日本人は陽気で、笑いじょうご、時間にだらしなくて、時間に縛られないで適当に生きている」

これは江戸末期、日本にやってきた西洋人が書いた本のなかの一文です。

もう一つ、日本人の明るい気質を表す一文があります。

「よそのアジア諸国では黒船が来るとみんな萎縮していたのに、日本人はまったく違った」

黒船を見た日本人は、わーっと船に近寄っていき、手でべたべた触ったり、その場で船を写生したりしたそうです。

宇和島藩では、その写生をもとに設計図をおこし、あっという間に船をつくったという話も残っています。

どうですか？

好奇心旺盛で器用。すぐにまねて船までつくってしまうアクティブさ。

わたしたちのほんの少し前のご先祖様たちは、とても行動的でいきいきしていたのです。

幕府を倒して明治の国づくりをした為政者たちは、その後の社会を正当化するため、「江戸時代は封建的な社会」という見せ方をしたのではないかと、わたしは思っています。

現代の日本人が諸外国からよく言われる「大人しくて、時間を守る」というのは、明治の国づくりをした為政者が、人々を統制する西洋のやり方を取り入れたことがきっかけだったにすぎないのです。

# お天道様と一緒に生きる、という感覚

江戸時代は農業に従事する人が大半だったので、多くの人たちが自然の変化とともに生活していました。「時間」の流れについても、自然のなかで把握していました。

春の田植え時期になれば、「どこどこの山の雪の形が、なになになったから、苗を植えるころ」というように、自然のうつろいを、自分の持っている五感を敏感に働かせ、それまでの経験と照らし合わせながら、時間の流れとしてつかんでいたと思われます。

また、武士や商人、丁稚《でっち》奉公に就いている人たちは、日の出と日没を基準にする「不定時法」というものを使っていました。

日の出のおよそ三〇分前を〝明け六つ〟、日没のおよそ三〇分後を〝暮れ六つ〟として、その間を昼と夜に分け、それぞれ六等分して一刻《いっとき》としました。

一刻は昼と夜、夏と冬でも、その長さが違ってきます。

時間を機械的に分けることはせず、自然をもとにしているので、夏は日没がおそく、冬は日没が早くなることから、四季によって時間が延び縮みするのです。

そして、お寺の鐘や「時の鐘」で鳴らす、ゴーンという音を聞いて、時間を確認していました。和時計を持てない庶民には、それでなんの不便もありませんでした。

農民も商人も、武士も為政者も、日が昇ると仕事をして、日が落ちると体を休める、まさにお天道《てんとう》様とともに暮らす生き方だったのです。

お天道様と一緒ということは、自然と共生しているので一人一人の五感も磨かれます。さらに知恵もいるので思考力が鍛えられます。

江戸時代のご先祖様たちは、とても豊かな生き方だったことが想像できます。

# 江戸時代の〝識字率〟を知っていますか？

江戸時代の人々は、浮世絵、歌舞伎、俳句、和歌、落語、大名庭園、建造物など、世界に誇れるたくさんの文化を開花させました。


さらに江戸時代には寺子屋が二万六〇〇〇か所ほどあったそうです。

その識字率は武士で一〇〇％、全国平均では六〇％以上でした。

この数字は世界的に見てもとびぬけて高かったのです。

ちなみに現代の小学校の数が全国で約二万校ですから、寺子屋の数がいかに多かったかわかりますよね。


さて、寺子屋はおもに個別指導で〝いろは〟や道徳、村や藩の名前を覚え、証文などがわかるように教えていました。

さらに商人は商人用、農民は農民用の勉学によって一人前になるための教育がなされました。

女子は芸事や裁縫も学んだし、庶民でもやる気があれば「四書五経《ししょごきょう》」という武士の必須項目も学ぶことができたのです。

また、江戸の後期になると各地の藩主は、知恵を出して地元の産業、現在の伝統工芸品を奨励しました。

その結果、職人が育ち、原料の草木の栽培、地場の鉱物の採掘など、藩を通して日本全体の経済も豊かになったようです。

これらを支えたのは、まさに教育の力だったのです。

わたしたちは、今もってこういった事実を知らずに、江戸時代の教育水準や生活水準が低い、という思いこみがあるようです。

史実というのは、知ろうとして自分で調べてみないとわからないことが多いのです。

# 和装と草履は健康的で合理的なすぐれもの

江戸から明治の時代になってご先祖様の服装は、和装から洋装へとガラリと変わりました。着物、帯、足袋《たび》、草履《ぞうり》、下駄《げた》だったのが、西洋のシャツ、ズボン、スカート、靴を取り入れたのです。

それでも大正生まれくらいまでの人たちは、和装を普段着にしていました。でも戦後生まれのわたしたちは、洋装が当たり前ですね。ですから、和装姿の人を見て「窮屈そうだし、体にいいとも思えない」なんて言う人も出てきますが、事実はまったくそうではありません。

着物も帯も足袋も草履・下駄も、健康のためにはとてもよいものなのです。

着物の帯は体の丹田をしっかりと締めるので、立腰《りつよう》と言って腰骨が立ち、背筋が真っすぐになります。姿勢もよくなり、内臓に負担をかけず、歩き方もしぜんとよくなります。

着物姿のご先祖様が、一本筋が通ったように〝ジャン〞としているのは、和装によることが大きかったのでしょう。

足袋と草履・下駄は、親指と人指し指の間で鼻緒を挟んで履くので、足全体をきちんと使って歩くことができます。

いっぽう、靴はすでに決められた型に足をぎゅっとはめこむので、つま先が細い靴を好む女性に、親指が〝くの字〞に曲がる外反母趾《がいはんぼし》というトラブルを起こすことがあります。また男女問わず、ウオノメやタコ、水虫に悩まされることもあります。

ご先祖様が長く着ていた和装は、じつは体にトラブルを起こさず、健康的で、じつに合理的な服装だったのです。

# 「宿命」を楽しむと「運命」が動きだす

農家の家督を継ぎ、結婚して家庭をつくり子供を持てるのは長男だけでした。

次男坊、三男坊や女子は、ある年齢になると丁稚や徒弟などの奉公に出て独り立ちしたのです。

奉公に出た子供たちは「なんでオレは、長男に生まれなかったんだ」「なんでこの家に生まれたんだ」などと嘆くこともなく、自分の境遇の受け入れが素直になされていました。

農家に生まれた長男もそうです。「○○家」を守るために、家督という自分の役割を否定しなかった。まさに「宿命」を受け入れていたのですね。

次男坊以下は、縁をつたって就いた奉公先の仕事を通して、目の前のことに一生懸命に取り組み、自分を磨いていたように思います。

史実としては、次男坊以下は結婚をしない独身者が多かったようです。

「えー、結婚もできない、子供も持てないなんて、とても寂しい人生」

そう思う人もいるかもしれません。

でも、わたしはまったくそう思いません。

多くの人が「結婚して子供を持つのが幸せ」と思いこむようになったのは昔からではないのですね。

住宅やクルマ、家電などを人々に買わせたり、教育費にお金を使わせるための一種のコマーシャルという〝洗脳〟もあると思います。

江戸で暮らした当時のご先祖様は、収入が今の貨幣価値に換算して月八～九万円、長屋の家賃が約一万円、残ったお金で、床屋や着るもの、銭湯、たまに歌舞伎や相撲、落語などの娯楽に出かけたりしていました。

貯金する感覚はありません。「宵越しの銭は持たない」という言葉が有名ですが、その日持っているお金を使い果たしても、働ける場所がつねにある社会だったのです。

自分の出自（出発点）を否定しないで受け入れ、目の前のことに一生懸命取り組む生き方。こうした「宿命」を楽しむ生き方からは、あるはずのないものを探し求めるような不幸の芽も出てきません。

宿命を楽しめば、運命はきっと動きだす。

わたしはそう思っています。

# 仕事に向き合う姿勢が西洋とまったく異なる日本

日本では古来、農業、林業、漁業、建築、土木などのあらゆる職業は、神事ではじまり、神事で終わりました。

これも惟神《かんながら》の道からきていて、天皇とのつながりがあります。

江戸時代も仕事は〝神ごと〟でした。ご先祖様は、毎日自分の仕事に感謝して、一生懸命に取り組んでいたのです。

農業で言うと、お米の収穫時期に「新嘗祭《にいなめさい》」があり、天皇は、農民と一緒に収穫への感謝を示す祈りをしていました。

だから、働くことを「勤労」と呼びます。

ところが西洋では「労働」と呼び、苦痛や罰の意味を含みます。

「給料がたったのこれだけ？」という愚痴や不平不満。

「あの仕事は汚い！」という職業への偏見。

こういった言葉は、日本人がすっかり西洋化してしまった証左とも言えるでしょう。

「汚い、きつい、キケン」の３Ｋ仕事を嫌って避ける、という話もありましたね。

当時の江戸の町には、抜け毛や糞尿《ふんにょう》まで売る商売もあったそうです。完全な循環型社会だった事実に、ほんとうに感心します。


しかし、現代でも給料の多寡にかかわらず、目の前の仕事に誇りを持って夢中で取り組んでいる人がいます。それこそ「中今《なかいま》」の状態になっているのだと思いますが、傍《はた》から見るととても幸せそうで、まわりにいいエネルギーを与えているように感じるのはわたしだけでしょうか。


今、仕事が面白くない、給料が安い、という不満を抱えていたら、ちょっと視点を変えて、ご先祖様の姿勢に思いを馳《は》せてみませんか。

目の前の仕事を楽しんだり、仕事があることに感謝してみるのです。たったそれだけで、目の前の風景が変わって、今抱えている苦しさから抜け出せるかもしれません。

# 「歩くのが当たり前」だと思うだけでここまでできる

江戸末期から明治中期まで生きた山岡鉄舟という剣術家がいました。明治時代は官僚、政治家としても活躍した人物です。

山岡は江戸時代、剣の達人に教えを乞うため、上野の自宅から静岡県の三島まで歩いて行きました。

金曜の夜に上野を発《た》ち、三島に着いたその日の土曜、翌日の日曜の二日間を稽古に明け暮れ、その足でまた歩いて自宅に帰ったという史実が残っています。

三島まで片道一二〇キロメートル以上、往復二四〇キロメートル以上の距離を歩いたのです。

江戸時代には電車やバスがありません。

歩く以外の移動手段はなかったのです。

ですから、どこに行くのでも「歩いて行くものだ」という意識が江戸の人たちにはあったのです。山岡鉄舟もそうですし、ご先祖様たちも、じつにみなよく歩いたのです。

歌川広重の『名所江戸百景』にも描かれている飛鳥山や目黒の桜、蒲田の梅園など、江戸に住む人たちは、自宅からけっこうな距離を歩いて行き、現代のわたしたちと同じように余暇を楽しんでいました。

江戸時代に流行《はや》ったお伊勢参りも、人口のおよそ一割もの人が行っていたようです。

これも当然のことながら、江戸から伊勢まで、歩いて行ったのです。

「歩くのが当たり前」だと、人々の意識にはつねにあったので、結果として足腰が鍛えられ、体力がついていくわけです。

「やれる」という意識を持てば、ほとんどのことは誰でもやり遂げられるものなのです。

そういう可能性が、わたしたち一人一人にちゃんと備わっている。

ご先祖様がそう教えてくれている気がいたします。

# 日本文化が世界の憧れになっているという事実

江戸時代は、縄文、飛鳥、奈良、平安、鎌倉、室町と長い「時」を経ながら、〝庶民の文化〟が花開いた時代だったと言えます。

歌川広重の『名所江戸百景』や葛飾北斎の『冨嶽《ふがく》三十六景』には、江戸各地の名所や富士山の風景を通して、桜や梅を愛《め》でる人、舟を曳《ひ》いたり桶をつくる職人、端午の節句に揚げる鯉《こい》のぼり、雪のなかを歩く人々など、四季折々の自然、さまざまな仕事に就く人たちが描かれ、その暮らしぶりをうかがい知ることができます。

春は桜、夏は花火、秋は紅葉や中秋の名月というように、花鳥風月を愛でる精神風土も持っていたと思われます。

また、鮨《すし》や蕎麦《そば》、鰻《うなぎ》や天ぷら、相撲や歌舞伎、落語や講談などの寄席、神田祭りや山王祭り、俳句や和歌、寺社参拝、銭湯など、どれもこれも江戸時代の庶民が楽しんでいたものです。

現代のわたしたちにも、なじみのあるものばかりでしょう。

今も暮らしに欠かせない箸や茶わん、漆や鋳物、刃物、簞笥《たんす》、筆や硯《すずり》、扇子、和紙、切子、織物なども、もとはと言えば各藩がつくった工芸品でした。

どうですか？　これら庶民の文化や工芸品を知るだけでも、わいわいガヤガヤと明るく、いきいきしたご先祖様の笑い声や話し声が聞こえてきそうです。

これだけ見ても、江戸時代のご先祖様の暮らしぶりが、暗いものだったとは想像しにくいですよね。

今、観光で日本に来る諸外国の人たちは、日本独自の庶民文化を楽しむことを目当てにしている人が多いそうです。

それを聞くと、日本人として誇らしい気持ちになりませんか。

世界に誇れる庶民文化をつくってくれたご先祖様に、感謝の気持ちも湧いてきます。

# 入ってくるものを一方的に受け入れるのはキケンです

島国だった日本は古来、「外」の文化や思想が入ってくる土地柄でした。

一万四〇〇〇年近く続いた縄文時代以降は、仏教、キリスト教、儒教、漢学、戦後は西洋と、つねに「外」からモノや思想が入ってきました。

そして日本人は、それらを自分たちの風土や気質にしっくりくるかどうか、取捨選択してきた民族です。「外」から入ってくるものに一方的に心酔すると、本来の道を誤るキケンがあるからです。

江戸時代もそれは同じでした。

当時の為政者や知識人は、大陸の思想「漢意《からごころ》」に心酔していました。日本有史以来の歴史を振り返ることをせず、自国の視点を持たないまま日本を語る者が多かったのです。

本居宣長《もとおりのりなが》はそうした為政者たちに危機感を抱いた人物です。江戸中期に活躍した国学者で、昼は医師として働き、夜は『古事記』の研究に専念し、三十余年かけて『古事記』の注釈書『古事記伝』を著しました。


日本とは何か。日本人の心とは何か。

それを知るには『古事記』から古代の日本人の心を読み解くこと。

そして日本や日本人をちゃんと理解したうえで、「外」からくるものを見極めて取捨選択しなさいと、本居は伝えたのです。


また本居は、日本の有史以来の惟神の道に日本人の心があると説きます。

神とつながり、神とともに生きるという考え方、そして草木一本にも神が宿る、お天道様が見ている、ご先祖様を敬うなどの心です。


ちなみに国学とは江戸中期に発達した学問のことで、日本の古典を研究し、日本固有の精神を明らかにしようとするものです。

本居の言うことは、現代のわたしたちにも通じます。

昔も今も「外」から日本に入ってくるものは、「日本のため、日本人のため」にやってくるわけではありません。必ず裏に見返りへの思惑が隠されています。

「外」に合わせると、本来の日本が培ってきた精神は、落ちていくことが多いのです。

# 日本の歴史が一度も途切れることなく続いてきたのは？

ここで、日本の伝統と歴史を語るうえで欠かせない話をしたいと思います。「我が国は天皇のしらす国」ということについてです。

これは『古事記』の国譲りのなかにある、〝汝のうしはける葦原の中つ国は、我が御子のしらす国である〟や「天壌無窮の神勅」の〝しらす〟に表れています。

〝しらす〟は「知」もしくは「治」と書いて「しらす」と読み、〝まとめる〟という意味を持ちます。国民の心を知って公平にまとめるという天皇のお役目を表しています。

〝しらす〟には天と地を繋《つな》ぐという意味もあり、天皇自らが一年を通して三〇ほどの祭事を執り行い、「我が国の平安と繁栄、国民の安寧と幸福」を祈ります。

また、天皇は政治に直接携わらないで、国民を代表して時の為政者を任命されます。江戸時代には将軍宣下《せんげ》をされていました。

いっぽう、大陸や西洋の諸外国では、最も力がある権力者（為政者）が国民を力ずくで統治する治め方があります。

これを〝うしはく〟と言い、「領」もしくは「主」と書きます。「自分のものとして支配する」「主として支配する」という意味を持ちます。

大国主神も最初は、うしはく統治をしていて、それを天照大神や他の神様からしらすを目指すべきだ、と指摘されました。

そこで、大国主神はそれを認め、子供たちと話し合い、統治を皇孫に譲り、しらす統治にしたのです（国譲り）。

実際に、うしはく統治をしていた大陸や諸外国では、為政者が代わるたび、国が滅亡するという歴史を繰り返してきました。

日本は、国民の「精神的な要」として天皇がおられて、祈りと任命というお役目に徹してこられたので、二七〇〇年も続いているのです。

# すべての存在と多様性を許容する「大調和」の世界

明治の国づくりでは、国力や企業力をつけるため、一人一人の個性を抑えて「同じこと」をみなにさせようとしました。

でも、江戸時代よりずっと前から、日本には「人と同じことをする」という発想はありませんでした。一人一人、存在が違うからです。

これもまた、古来、脈々と受け継がれてきた惟神の道からきています。

一人一人やることが一緒にならないので、他者と比べるという発想もなく、他者と対立することもない。

だからケンカも争いもなく、世の中はしぜんと調和がとれるのです。

この調和ができていたのは、先ほど述べた日本独特の〝しらす〟があったからです。

天皇も為政者もわたしたちのご先祖様も、みんな一人一人に役目があることを自覚し、惟神の道で今を大事にしながら生きていたのです。

中今になることで直観により一人一人が自分の役割を知り、それにより社会が有機的に動く様子を「大調和《だいちょうわ》」と言います。人間に置き換えると、あたかもわたしたちが「細胞・組織」で社会が「体」といった関係ですね。

究極の平等とは区別を受け入れることです。大調和は、みんな「いる」だけでいい、とすべての人を許容し、個性を尊重する社会でもありました。偏屈な人、お調子者、涙もろい人、おっちょこちょいな人、のろまな人……いろんな人すべてを受け入れていた世の中です。


新型コロナ騒動を境にして、西洋的なものがさらに入ってくることが予想されます。物事の成り立ちが違う国と日本が一緒、ということはあり得ないのです。

わざわざ使う必要のない外来語や、外国産のものに一方的に使われないようにするためには、自分流の基準軸や視座を見つけることが必要です。

その一つの策として、日本古来の思想や考え方を知ることは、自分を知り、自分の土台をつくるためのよい手本になるとわたしは思います。

# 明治維新の裏を知れば、見えている世界が変わる

江戸末期は、西洋の人たちがたくさんやってきました。

先ほど「日本人は陽気で、笑いじょうご、時間にだらしなくて、時間に縛られない」と書いた西洋人がいた、と述べました。

その代表格がルイス・フロイスやイザベラ・バードなどです。

彼らは異口同音に「日本という素晴らしい国が、われわれ西洋人の思想が入ってくることで、濁されてしまうことを申し訳なく思っている」という主旨の書物をいくつも残しています。

西洋の文明より、日本的な文明のほうが、人間が幸せになることをすでにわかっていた、心ある西洋人だったのです。

最後の将軍・徳川慶喜の大政奉還によって、江戸は明治という新しい時代に変わりまし

た。

幕府の後ろ盾のフランスも、倒幕派の後ろ盾のイギリスも、武器を売る胴元がじつは同じ国際銀行家であることを、いちはやく見抜いたのが慶喜です。

かんたんに言えば、日本に内乱を起こさせないため、大政奉還を決めたのです。

倒幕を目指した下級武士を利用して、江戸を近代国家にするお膳立てをしたのが国際銀行家たちでした。

明治という時代は、〝しらす〟の日本を、力ずくで〝うしはく〟の帝国主義の世界に引きこんだ、という言い方もできるのです。

完全な循環型社会だった日本は、「外」に頼らなくても一国で幸せに暮らしていたのに、急に〝うしはく〟の世界で生きていかなければならなくなったというわけですね。

でも、これが日本の「宿命」だとすれば、受け入れた志士や幕府側の武士たちもみんな、自分の利益だけを追い求める利己的な考えではなく、日本人としての矜持《きょうじ》と日本の将来を考えた祖国愛を持って、ことにあたっていたと思います。

# 死と正面から向き合うことで、感謝と覚悟が生まれる

「笑いじょうごで時間にルーズだった」江戸庶民の気質は、明治の国づくりによって為政者に管理されるようになり、「大人しい、時間を守る」国民へと変わってしまいました。

今回新型コロナ騒動で多くの人が恐怖に支配されましたが、じつは大正、昭和初期にも、新型コロナと同じく人を介して感染する「結核」が大流行していました。医療が発達していなかったため、今の人口に換算して三〇万人近くの人が毎年亡くなりました。

しかも、当時は戦争中。感染だけでなく、飢えや空襲などの厳しい環境下で、明日の我が身がどうなるかわからず、つねに死が身近にある、大変な時代だったはずです。

にもかかわらず、この時代を生きた人々は、結核に怯《おび》えるでもなく、戦争という時代を悲観するでもなく、「こういう時代なんだ」と割り切って現実を受け入れていました。

ご先祖様から代々受け継がれてきた、日本人独特の死生観も大きかったのかもしれませ

ん。当時の人は、生きていることを当たり前と思わず、死を遠ざけないで、きちんと向き合っていたのだと思います。

死にきちんと向き合うことをすれば、しぜんと、今生きていることに感謝でき、一日一日を一生懸命生きる気持ちになれるとわたしは思います。

一日を無事に過ごせることへの感謝を持って、目の前の生活をしっかり送る。

そして「鷹《たか》が悠然と空を飛ぶ」がごとく、小さなことにこだわらず、肝を据えて生きるのです。

わたしは、両親や祖父母から「自分たちは不幸な時代に生まれた」というような否定的な言葉を一度も聞いたことがありません。

おそらく両親も祖父母も、自分の「宿命」を受け入れながら、一生懸命に一日一日を生きた。その積み重ねの結果、心が満たされていたのだと想像します。

そういう生き方を親が子に見せ、その子が親になってまた伝え、ということを脈々と受け継いできたのが日本です。

子供も、目上の大人の言うことを素直に聞き、物事の良し悪《あ》しを学んできたように思います。

これが、日本のよさの一つでしょう。

人間が生きていれば、大病、死別、対人関係、裏切り、争い、事業の失敗など、いろんな悩みに遭遇します。

それでも、生きていられることに感謝し続けていれば、やがて困難や苦しみを乗り越える勇気や元気も出てくるはずです。

# 「意気地なし！」は最大の侮辱の言葉

「意気地なし」は人生の困難や苦しみに耐える気力のないこと、また、そうした弱虫な人のことです。

江戸、明治、大正、昭和と時代が変わっても、人生の困難や苦しみは、みな同じく与えられるものです。

だから、日本では古来、子供のうちから困難に耐える気力を養って、人生をしっかり歩めるようにと、大人が教えてきたのです。

わたしたちは、男女問わず「意気地なし！」と人から言われるのは最大の侮辱だという自覚があると思います。

意気地なしを戒める教えは、「武士道」からきています。

江戸時代の中期、佐賀・鍋島藩士の山本常朝《つねとも》が、武士としての心構えをまとめた口述書

『葉隠聞書《はがくれききがき》』に記述があります。新渡戸稲造がアメリカで著した『武士道』よりもっと前に書かれました。

今風に言えば「世の中、一寸先は闇。何が起きても大丈夫なようにシミュレーションして、いつも心構えをしておきましょう」というものです。

明治は、国家レベルで日本的なものを捨て、西洋化に走りました。とはいえ、家庭レベルではまだ惟神の道とともに「武士道」の教えは残っていたのです。

昔は、親に「勉強しろ」と言われなかった人でも、行儀や態度が悪いと叱られたものです。もちろん学校の先生も同じように接してくれました。

ところが今は「いい学校に、いい会社に、いい職業に……」という功利主義的な考えのほうが優先されているように見えます。

生き方や躾《しつけ》の習得は、それ以上に大事なのになあ、といつもわたしは思うのです。

次章では、現代でもできる、幸せを感じて生きるためのヒントをご紹介しましょう。

# 第三章

# 本来の自分に戻る15のヒント

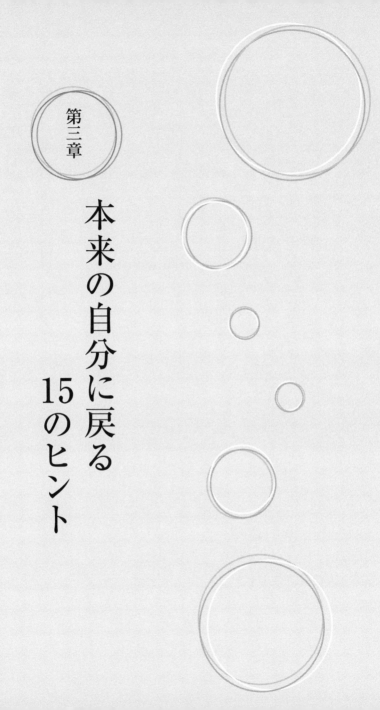

# ご先祖様から学ぶ、「幸せの道」への三つの柱

さて、ここまで紹介してきたご先祖様の生き方や日本の精神性、習慣といったもののなかには、わたしたちが〝幸せを感じて生きる〟ためのヒントが溢《あふ》れています。

最初にそれを大きな三つの柱としてお話しし、その後さらに15項目に分けて示したいと思います。

**(一) モノ、事、人、自然すべてに感謝する心**

ご先祖様は、今生きていることは当たり前でないことがわかっていて、八百万《やおよろず》の神に感謝する惟神《かんながら》の道を生き方の規範にしていました。だから、つねに心が穏やかな状態で満たされていたと察します。

それが戦後、便利なモノやサービスが溢れかえることによって、わたしたちは有り難い

郵 便 は が き

料金受取人払郵便

新宿北局承認

9134

差出有効期間
2025年 3 月
31日まで
切手を貼らずに
お出しください。

169-8790

174

東京都新宿区
北新宿2-21-1
新宿フロントタワー29F

サンマーク出版愛読者係行

| | | |
|---|---|---|
| ご 住 所 | 〒　　　　　　　　　都道府県 | |
| フリガナ | | ☎ |
| お 名 前 | | (　　　) |
| 電子メールアドレス | | |

ご記入されたご住所、お名前、メールアドレスなどは企画の参考、企画用アンケートの依頼、および商品情報の案内の目的にのみ使用するもので、他の目的では使用いたしません。
尚、下記をご希望の方には無料で郵送いたしますので、□欄に✓印を記入し投函して下さい。
□サンマーク出版発行図書目録

**1** お買い求めいただいた本の名。

**2** 本書をお読みになった感想。

**3** お買い求めになった書店名。

市・区・郡　　　　　町・村　　　　　書店

**4** 本書をお買い求めになった動機は?

・書店で見て　　　・人にすすめられて
・新聞広告を見て(朝日・読売・毎日・日経・その他＝　　　)
・雑誌広告を見て(掲載誌＝　　　)
・その他(　　　)

ご購読ありがとうございます。今後の出版物の参考とさせていただきますので、上記のアンケートにお答えください。**抽選で毎月10名の方に図書カード(1000円分)をお送りします。** なお、ご記入いただいた個人情報以外のデータは編集資料の他、広告に使用させていただく場合がございます。

**5** 下記、ご記入お願いします。

| | | | |
|---|---|---|---|
| ご職業 | 1 会社員(業種　　　)2 自営業(業種　　　)<br>3 公務員(職種　　　)4 学生(中・高・高専・大・専門・院)<br>5 主婦　　6 その他(　　　) | | |
| 性別 | 男・女 | 年齢 | 歳 |

という「感謝」の気持ちを、勘ちがいした「当たり前」の気持ちが上まわるようになりました。なんでも自分の都合通りになると勘ちがいし、そうならないと「○○のせいだ」となる始末です。

自分の命をつないでくれる食べ物は、つくって運んで手を加えて売ってくれる人がいるから手に入るのです。「お金を払っているんだから当たり前」という気持ちでいると、いつまでも心を満たすことができなくなります。

わたしたちは一人では生きられません。誰かがやってくれている行為によって生かされている。

そのことを知るだけでも、心持ちは大きく変わってくるでしょう。

## (二) 時空を超えて素の自分になれる「中今《なかいま》」状態

今この瞬間を生きるという惟神の道の生き方。

これをいつも心がけ、目の前のことに全力で集中して取り組めば、その最中もその後も、必ず心の満足を得られることを、ご先祖様は知っていたのです。

目の前のことに一生懸命になっている最中は、雑念が消えて無心になれます。素の自分に戻れます。時空を超えて、人によってはお天道様《てんとう》（宇宙）とつながる感覚になることもあります。

そして終わった後は、やりきった感で満たされ、困難やつらさに対する気力も養われるでしょう。

それが現代では、目の前のことを否定されたり、あるいは「売上」や「他者に勝つ」という結果をつねに求められるので、先のことばかりに気がいってしまいます。当然ながら「今」に集中できず、楽しむという感覚なんてすっかりどこかへ忘れてしまっているのです。

## （三）お天道様に恥じない生き方

ご先祖様は「お天道様はちゃんと見ている」と考えて物事に取り組んでいました。ですから、他者の評価よりも、自分の評価に重きを置いていたと思います。

ところが現代は、他者に評価されることが圧倒的です。

「こうすれば評価されるだろう」と自分の本意に背くことが多くなり、五感と直観力が鈍くなっています。

でも、自分の心にウソをつくことは、お天道様に恥じる生き方になるとわたしは思っています。

他者に評価されるにしても、「目の前のことに全力で取り組むことが結果的に評価につながる」という心持ちで臨めば、その途中でトラブルに遭っても、解決策が見つけやすくなったり、トラブル自体を楽しむ余裕を持てるのではないかと思うのです。

本章では、わたしなりの「楽しさ、喜び、幸せ、安らぎ」を感じられるヒントを先の三つの柱を土台にしてご提案していきたいと思います。

困難に遭ったり、つらくてたまらなくなったとき、あなたが素の自分に戻るための力になれるのではないかと思っています。

1

# 不満があるときこそ〝ありがとう〟

## 感謝は心を満たす切り札です

現実の出来事がつらすぎて、感謝ができないほど行き詰まっていたら、あえて「今、ここ」にあるものは、当たり前に存在しているのではなく、誰かのおかげだと思って、人や事、モノに感謝してみませんか。

感謝の気持ちなんて、なかなか湧いてこないかもしれません。でも、口角をきゅっと上げて笑顔をつくるのと同じように、無理にでもやってみるのです。

そうすると、悲しみや怒りで凝り固まっていた感情や思考が、少しずつ緩んでくるのを感じられるでしょう。

それを幾度か繰り返しているうちに、「つらさ」が「有り難さ」に変わる瞬間がきっとあるはずです。

あなたなりに感謝できる人やモノに気づけたら、「ありがとう」と言葉にしてみてください。

感謝のコツが肌感覚でわかると、その奥深さを実感できます。

感謝は、心を満たす切り札のようなもの。不満があるときこそ、感謝が幸せへの道に導いてくれるとわたしは思います。

感謝ができるようになると、体も元気を取り戻し、本来の自分の力が出せます。心のつらさや不安、イライラの感情がいつもあると、体の免疫力が落ちるのです。

感謝をしている人で、不幸な人に、わたしはこれまで出会ったことがありません。感謝はいつでもあなたの強い味方なのです。

2

# 目の前のことに集中していますか？

## 二度とこない時間を楽しみましょう

せっかくの休日、「なーんにもしないでゴロゴロしたい」と思っても、掃除や食品の買い出し、ペットの散歩、子供の行事、同好会の飲み会と、アレコレやることがあったりします。やることがたくさんあれば、心ここにあらずでやってしまったり、嫌々やったりしがちになるかもしれません。

でも、よく考えてみてください。

それは「今」という二度とない瞬間を、粗末にしているようなものです。

こういう癖を続けていると、達成感や満足感はいつまで経《た》っても得られないように感じます。

片づけ一つでも、嫌々やるのと自分流に楽しみながらやるのとでは、今という時間が全然違うものになるでしょう。

一つ一つ、目の前のことに心を尽くすことを心がけると、他のことができなかったとしても、量の多寡にかかわらず、満足感でいい気持ちになるでしょう。

こうした、小さな達成感や満足感の積み重ねによって、幸せ感は得られるものだと思うのです。

仕事では、そんなことを言っていられないと感じる人がいるかもしれませんね。そんなときは、同時に二つのことをする〝ながら〟を止めて、短時間でも構わないので一つの仕事に集中することをおすすめします。

限りある時間のなかで、できなかったことばかりに気がいき、不満足な気持ちで終わってしまう。その不満を配偶者や職場の人に何気なく口にしたことが、愚痴の一つになってしまいます。ご本人にはその自覚がなかったとしても、です。

自分なりに優先順位をつけてやったのであれば、「できたこと」だけに満足してみませんか。

「何をどれだけやったか」の数よりも、一つでも心を尽くしたことがあれば、満足感は得られるのです。

# 3

# それでもなかなか集中できないときは?

## 一つ一つの動作に、ゆっくり気持ちをのせてみましょう

今、目の前にあることを大切に一生懸命にやる。

これは面倒なことでも同じです。

面倒なことや苦手なことは、すんなりと取り組めないときもあるでしょう。雑念や不平不満が出てしまうからです。

でも、むしろこの面倒なことに、集中して取り組めるかどうかが大事なポイントになります。


そこで、一つ一つの動作に、気持ちをのせることをしてみると、目の前のことに集中しやすくなることに気づくと思います。

今自分が目の前でやっていること、たとえば今、ペットボトルに入った水を飲もうとし

ているとします。ペットボトルが見えた、ありがとう。手を伸ばしてペットボトルがつかめた、ありがとう。ペットボトルの蓋を開けられた、ありがとう。手元に持ってきてゴクッと飲めた、ありがとう……というように、一連の動作の一つ一つに気持ちをのせるようにします。

わたしたちはいつも、この一連の動作を無意識にやっているのですが、これを意識化するのです。

一つ一つの動作をゆっくり丁寧に、体を動かせることに感謝しながらするのがポイントです。

これは仏教の修行にも同様の教えがあるようです。

ちなみに、手や足を怪我《けが》や骨折したときは、無意識にできていた動作ができなくなるでしょう。

すると、痛みを抱えながら一つ一つ、ゆっくりとやることになりますが、それと同じようなことです。

このとき、体がちゃんと動けていたことの有り難さに気づくでしょう。

## 4

# 〝推し〟のためならなんでもできる！

## 夢中になれる存在で幸せ感が爆上がり

自分の好きな歌手や俳優などを応援する〝推し〟ができると、日常がぐんと楽しくなるでしょう。アイドルやバレエダンサー、鉄道巡り、昆虫採集、仏像鑑賞、古事記を読むこと……推す対象はなんでもいいのです。

そして推す対象が、たとえばアイドルだったら、出演するステージに実際に足を運び、他のファンと一緒に応援（推し活）する。昆虫が推しの対象であれば、採集のほかに、同じ推し仲間と一つの場所に集まって、昆虫について語り合う。

その「時」の自分は無心になれますし、幸せそのものです。

一般的に幸せの基準だと言われる〝肩書やお金〟がなくても、「素の自分でいい！」と思わせてくれるのですから、とても安らげます。

推していているときは、時間も空間も超えられる。この状況こそ〝理屈〟の世界から一歩離れた、中今の状態になっているのです。

多くの人は競争社会のなかで、理屈でばかり物事を考える生活に疲れているはずです。そこに推しの存在ができると、何も持たない〝素の自分でいい〟が実感でき、幸せ感がぐーんとアップするとわたしは思います。

ここで気をつけてほしいことがあります。推す対象がスポーツだった場合、野球やサッカーの観戦場でよく見かける、選手に野次を飛ばしたり、ファン同士でケンカしたりするのはよくありません。選手にも自分にも傷つけることをしているのだと自覚しましょう。推しとは、一喜一憂の「喜」だけです。

〝推し〟は素の自分になれるのです。
〝推し〟ができると素の自分でいい、と安らげます。
これが中今の状態。理屈で考える癖から離れられます。

5

# 童心に返る時間をつくる

## “素の自分”にいつでも戻れます

どなたにも子供時代はあったでしょう。楽しくて熱中したり夢中になったもの、心が安らいだりワクワクする場所など、一つや二つはありませんでしたか。

大人になると、進学や就職、結婚などで、実家から離れ違う町で暮らすようになったりして、夢中だったものや場所から遠ざかってしまうものです。

さらに、社会に出ると出世欲や成功欲にとらわれて、競争の世界で生き抜くために、自己中心的な考え方になったり、しがらみや常識にがんじがらめになったり、いつのまにか子供時代の素の自分を忘れていってしまいます。

心が塞ぎこんで物事がうまく運ばなかったとき、童心に返ってみませんか。

ワクワクした自分や心の底から大笑いしていた無邪気な自分を思い出すだけで「素の自分でいい！」という感情が湧いてくるでしょう。

また、心配ごとやイライラしていた感情も吹き飛んでいるでしょう。

前項の、誰かを〝推す〟行為と同じような感覚になって、自分を解放することができます。

〝童心〟も〝推し〟も、無心でワクワクした中今の状態になっていると言えます。

自分を解放できると、ガチガチに凝り固まっていた思考や感情がほんの少し緩んでくる感覚になります。

そして幸せを感じる生き方に導いてくれると思います。

ちなみに、わたしたちは三歳くらいまでは欲がなく、純粋な心を持っていると言われています。三歳の気持ちに戻ることは無理でも、子供時代に戻って、記憶の断片に残っている、無心で無邪気、素の自分を思い出してみませんか。

欲から解放されて、今を無心に生きられるとわたしは思います。

6

# 病気は不幸な出来事ではありません

## 病気の声に耳を傾けてみましょう

病気は、日々の過ごし方が関係しています。癌《がん》や脳・心血管系の病気も心の病気も同じです。日々の生活での心持ち、食事、体の動かし方、睡眠について何か自然にそぐわなかったところがあるはずです。

ですから、病気は自分のよくない癖を見直すよい機会なのです。日々の過ごし方をここで見直しましょう、という学びをお天道様が与えてくれたのです。

わたしは現役の医療者時代、大きな病気にかかった後に治療で治り、体が正常に動くことが「当たり前じゃない」ことに気づいて感謝する方々をたくさん見てきました。

いっぽう、「お金（治療費）を出しているのになぜ治らない」と怒る人や、一時的に反省はするものの、また同じように、元の生活を繰り返す人もいました。そうして自分は不幸だ、不幸だと言っているのです。

こういうふうになってしまうと、自分がなぜ病気になったのか、まったく気づけなくなります。

事実を受け入れられず、その因果に考えが及ばず、いつまでも病気になったことに感謝ができないのです。

「病気になって有り難い」と思い、そこから学びに気づけるかどうかで、人生が大きく変わります。

これは病気だけでなく、すべての物事、どのような状況でも通じることです。

そもそも、幸せと不幸せを判断する物差しはありません。あるとすれば、今の自分でしょう。

幸せと思うか不幸と思うかまず自分に聞いてみませんか。

お天道様があなたを試しているのかもしれませんね。

7

# 堂々巡りしていたら「視点」を変えてみる

## 鳥の目で俯瞰《ふかん》すると解決ルートがわかります

悩んでいるときは、視野が狭くなり、悩みに近づきすぎてしまうものです。同じことを何度も繰り返し、考えては堂々巡りをしてしまう。悩みの相手（職場の上司や同僚、恋人）は、グーグーいびきをかいて寝ていることだってあります。

落ちこんだり、イライラしたり、相手を憎んだりと、自分一人がそういう状況に陥って「独り相撲」になってしまってはいけません。

悩みの最中は「独り相撲」になっていないか、自分を客観視する癖をつけるといいと思います。

それは、蟻《あり》の目ではなく、鳥の目の視点を持つとよくわかります。

悩みごとを、富士山にたとえてみましょう。蟻は、麓の大きな石を歩くだけで精一杯で富士山の山頂が見えません。自分がどの方向へ向かっているのかもわからない。先ほど言った「悩みに近づきすぎる」とは、蟻の目で悩みごとを見ているのと同じことです。
いっぽう、鳥は空を飛ぶので、富士山という全体像がわかります。また水平と垂直に富士山を俯瞰することもできるので、頂上までの登山ルートが想像しやすくなります。自分の体力や経験、知識、現地の天候などを総合して、いろいろある登山ルートから、自分なりのルートを決めることができるでしょう。

人は悩みの最中、怒りや悲しみ、絶望といった感情もついてくるので、なかなか冷静になれませんよね。いつも静かな自分の心が、猛吹雪のようになってしまうのです。でも「独り相撲になっていない?」「鳥の目になろうよ!」、こう思うだけでも悩みや猛吹雪の感情からほんの少し離れ、本来の自分を取り戻すことができると思います。
そして登山ルートを決めるのと同じ要領で、解決するための情報を集めるなど、自分にできそうなことを総合的に判断します。後は解決ルートを自分で選び、行動するのみ。登山をはじめるのと同じです!

ここまでくれば、もう大丈夫。きっと、悩みを乗り越えられます。

8

# 気持ち一つで、なんでもできる！

## 人間の力って、けっこうすごいんです

わたしは若い頃の一時期以外クルマを持ったことがありませんので、よく自転車でアチコチ出かけていました。父の月命日には、東京から千葉県の納骨堂まで、往復五〇キロメートルを一八〇回、自転車で通っていたこともあります。

その自転車で右肩まわりを複雑骨折した経験があります（鎖骨中央、肋骨四か所、肩甲骨の粉砕骨折）。自分の働いていた病院でレントゲンとＣＴの画像診断後、三角巾とチェストベルトで保存処置をして、後は自分でリハビリをしながら業務をこなしていました。治るまでに時間はかかりましたが、ちゃんと治りました。

ここでお伝えしたいのは、人間には治癒力がちゃんと備わっているということ。そればかりか、ほかにもいろいろな能力がみなさんにもあるのです。

その能力を発揮できるかどうかは、じつは心の持ち方一つなのです。

第二章で紹介した江戸時代のご先祖様は、交通手段が歩くしかなかったので、誰もが疑問や不満を持たずに歩きました。山岡鉄舟も上野と三島を歩いて往復したのです。

「やるぞー」「治すんだ」「今の困難に耐え抜くぞー」

誰もがそう心構えをして、物事に臨めば必ず実現します。それができたのは、偶然ではなく自分の力なのです。

このことをわかりはじめると、必ず自信や体力、困難に向き合う気力が養われるとわたしは思います。

便利なモノで溢れかえっている現代は、故障したとき、困ったとき、すぐ誰かに頼りがちになりますが、まず自分の力を信じて、自分で動いてみませんか。

これは、第二章で紹介した佐賀・鍋島藩士の山本常朝《つねとも》が説いた「ふだんから、すべてのことを受け入れる姿勢を持つ」という武士道にもつながることです。

9

# まずは目の前のことを一生懸命やってみませんか

## 幸せは目の前のことをやった後についてきます

「幸せ」を目的にした行動をとるのもアリだとは思いますが、「◎◎すれば○○になる」報いを期待すると、結果がそうならなかったとき、苦しくならないでしょうか。

物事は「◎◎しても○○にならない」ことが、残念ながらいっぱい存在しますよね。

むしろ、そういう考え方より、幸せとは、目の前のことを一生懸命やった結果の後につながるものだと思って行動してみませんか。これは惟神の道からくる生き方です。

学業や仕事、結婚、育児、後進の育成など、自分の成長とともに、自分に与えられる目の前のことを役目だと思って一つ一つやり遂げていく。そしてやり終えた後に、結果として、満足感や幸福感、喜び、気力がついてくるのだと思います。この気力は、困難なときに自分を支えてくれる大事な力となります。

# サンマーク出版 ロング・ベストセラー

ご希望の本がお近くの書店にない場合は、小社までご注文ください。（送料別途）

ご注文はインターネットでも承ります https://www.sunmark.co.jp

〒169-0074 東京都新宿区北新宿 2-21-1
tel.03-5348-7800　fax.03-5348-7801

## 運動脳

アンデシュ・ハンセン 著　御舩由美子 訳

「読んだら運動したくなる」と大好評。
「歩く・走る」で学力、集中力、記憶力、意欲、創造性アップ！人口 1000 万のスウェーデンで67万部！『スマホ脳』著者、本国最大ベストセラー！25万部突破！！

定価＝1650 円（10%税込）978-4-7631-4014-2

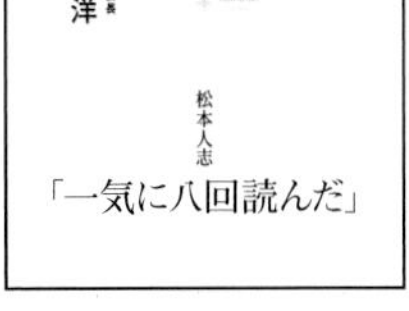


## 居場所。

大﨑 洋 著

ダウンタウンの才能を信じ抜いた吉本興業のトップが初めて明かす、男たちの「孤独」と「絆」の舞台裏！

定価＝1650 円（10%税込）978-4-7631-3998-6

## 現象が一変する「量子力学的」パラレルワールドの法則

村松大輔 著

「周波数帯」が変われば、現れる「人・物・事」が変わる。これまでSFだけの話だと思われていた並行世界(パラレルワールド)は実は「すぐそこ」にあり、いつでも繋がれる！理論と実践法を説くこれまでにない一冊！

（定価＝1540円（10％税込）978-4-7631-4007-4）

## 生き方

稲盛和夫 著

大きな夢をかなえ、たしかな人生を歩むために一番大切なのは、人間として正しい生き方をすること。二つの世界的大企業・京セラとKDDIを創業した当代随一の経営者がすべての人に贈る、渾身の人生哲学！

（定価＝1870円（10％税込）978-4-7631-9543-2）

## 100年足腰

巽 一郎 著

世界が注目するひざのスーパードクターが1万人の足腰を見てわかった死ぬまで歩けるからだの使い方。手術しかないとあきらめた患者の多くを切らずに治した！
テレビ、YouTubeでも話題！10万部突破！

（定価＝1430円（10％税込）978-4-7631-3796-8）

子ストアほかで購読できます。

## 一生頭がよくなり続けるすごい脳の使い方

加藤俊徳 著

学び直したい大人必読！大人には大人にあった勉強法がある。脳科学に基づく大人の脳の使い方を紹介。一生頭がよくなり続けるすごい脳が手に入ります！

定価＝1540円（10%税込）978-4-7631-3984-9

## やさしさを忘れぬうちに

川口俊和 著

過去に戻れる不思議な喫茶店フニクリフニクラで起こった心温まる四つの奇跡。
ハリウッド映像化！世界320万部ベストセラーの『コーヒーが冷めないうちに』シリーズ第5巻。

定価＝1540円（10%税込）978-4-7631-4039-5

## ほどよく忘れて生きていく

藤井英子 著

91歳の現役心療内科医の「言葉のやさしさに癒された」と大評判！
いやなこと、執着、こだわり、誰かへの期待、後悔、過去の栄光…。「忘れる」ことは、「若返る」こと。
心と体をスッと軽くする人生１００年時代のさっぱり生き方作法。

定価＝1540円（10%税込）978-4-7631-4035-7

**電子版はサンマーク出版直営**

なかには、それが「幸せ」だったのか、はっきりわからないときもあります。お金の儲《もう》けが少なかった、なんてこともあるでしょう。

でも、行動する前には想像もしなかった、嬉《うれ》しい人との出会いがあったり、思わぬところで感謝されたり、何かしら得るものがあるはずです。

日本には「情けは人の為《ため》ならず」という諺《ことわざ》があります。情けを他の人のためにかけていると、かけた情けが巡り巡って自分に返ってくる、というものです。

最初から見返りを求めて行動をしているわけではないのに、結果として何かを得ることができる。幸せの道のりもこれと同じでしょう。

そう思えば、肩の力を抜いて物事に取り組むことができ、自分の力もしぜんと発揮できるのではないでしょうか。結果には縛られず、むしろ楽しむ〝目〟も出てくるとわたしは思っています。

目の前にあることは、お天道様があなたに与えてくれた役目なのです。

10

# 地位が高くて給料が多ければ幸せですか？

## 幸せと収入は必ずしも一致しません

現代のわたしたちは、仕事はお金をもらうためにするものだと思っています。だからもらった給料に「少ない」という不満が出ても、当然だと思ってしまいます。でも、これは西洋の発想に洗脳されてしまっているあかしです。

もともと日本には、仕事を対価だけでとらえる発想はありません。神様と一緒に働く、という考え方がまずあるのです。これも惟神の道からきています。

また江戸時代には、売る人はつくる人と買う人の〝利〟を考え、商いに携わる人全員に給料をじゅうぶんに与える〝徳〟が必要。そして買う人には買える値段で、満足できるようにする〝仁〟が必要だという考えが存在していました。

日本人の考え方にはすべて「自分だけがいい」という発想がないのです。

自分のやった行為が巡り巡って自分に返ってくる、という奥深い考えが、日本人らしさの根幹なのです。

そこに携わる人たちみんなが幸せになれることを考え、実践していた国なのです。

仕事を対価だけでとらえたり、地位や肩書、成功、収入を目的にし、追い求め続けるのは西洋の考え方です。

そういうことを人生の中心に据えると、やがて自分が息苦しくつらくなるときが必ずくるでしょう。ゴールのない道を、寄り道や休憩をしないで、ひたすら走り続けているようなものですから。

むしろ、西洋的なものよりも、自分の役目、つまり目の前のことに感謝して一生懸命やるほうが、意外な喜びを得たり、楽しい出来事に出会ったりするでしょう。そして結果的に幸せを感じられる生き方に導いてくれるのだと、わたしは思うのです。

11

# 無意識のうちに人と比べていませんか?

## その時間を関心あることに使ってみましょう

人は、弱っていたり自信をなくしていたりするときほど、他者と比べてしまう癖があります。いえ、弱っていなくても、ふだんから無意識に人と比べているかもしれませんね。

自分が今持っていないものと他者にあるものを、つい探して比べてしまうのです。

人と比べる癖が続くと、ひがみや嫉妬だけでなく、自分の本心がわかりにくくなることもあるので、気をつける必要があります。

また、比べるということは、目の前のことに集中できていない「余裕」があるあかし、とも言えるのです。

その時間を、関心あるものに使ってみませんか。片づけ、土いじり、俳句、ジョギング、武道……なんでもOKです。ポイントは無心に、楽しく、目の前のことに心を尽くすことです。

ここでも気をつけることは、やはり人と比べないようにすること。比べる一つ前段階の自分。「この前できなかったけど、今日はできた！」と一つ一つ、できたことに気を向けていくと、小さな達成感を得られます。その積み重ねによって、人と比べることの無意味さがわかるときがくるでしょう。


現代は、グローバリズムのなかで、「違い」を〝区別〟ではなく「差別」という悪《あ》しきものとして、なんでも〝同質化〟させようと動いています。はなはだしい例としては、生理的な男女の〝区別〟を無視して便所や更衣室を同一に、というようなことまで挙がっています。これはけっして「差別」を「平等」へと改善することにはなりません。

究極の平等とは、一人一人違っていいという〝区別〟を、認め合うことなのです。

12

# 我慢があなたを苦しめています

## 思考停止になってはいけません

家内制手工業や農業、漁業など自営で生計を立てていたのは過去の話。現在は組織に雇われることが圧倒的に多くなりました。毎月定額の給料が入るメリットはありますが、自分のペースで動けない不自由さはあります。雇われていると、大なり小なりの我慢があります。

この我慢、ずっと続けてしまうとどんなデメリットがあると思いますか。

それは、考えることを止める「思考停止」になることです。

「思考」とは、物事を自分で考え、必要な情報を自ら集めて俯瞰的に分析し、自分流の答えを導くことを言いますが、これをしなくなるのが思考停止です。この状態が続いてしまうと、第一章の話につながるのですが、自分の本心がわからなくなり、物事を自分で決められず、他者の言うことを鵜呑《うの》みにし、いざというときに、自分を守ることができなくなるのです。

仕事での我慢はあなたを苦しめることになります。ですから、我慢は極力避けたいものです。


一つ大事な前提があることをお伝えしましょう。

それは、まず目の前の仕事に感謝して、楽しんでみようということです。

仕事があることで今、生活できるわけですから、まず仕事に感謝します。次に視点を変えて、我慢を楽しむように工夫をします。この工夫はほんとうの意味で「考える」ことにつながり、思考停止を避けられます。

一生懸命やった先には、自分で「我慢を卒業するとき」がわかる瞬間があります。いわゆる「腑《ふ》に落ちてくる」のです。それが三年後か一〇年後かはわかりませんが、一生懸命やっていれば必ずわかると信じましょう。

嫌なことや苦手なこと、困難ごとから早く立ち去りたくなるものですが、あえて楽しんでみるということをしてみませんか。「腑に落ちる前に」我慢を止めて、違う場所に行っても、また同じ我慢を繰り返すことになるとわたしは思うのです。

13

# 孤独感が消えないときはどうしたらいい？

## 自ら動いてご縁を楽しみましょう

戦後を境に日本の家制度は、すっかり壊れてしまいました。家制度が存在していた時代は、年間を通した農作業や行事、家の建て替えや引っ越し、あるいは困難ごとがあったときなど、血縁同士が協力しながら助け合っていたのです。

三世代が同居するところに、親戚が一定期間、寝泊まりすることも多く、一人一人が孤独を感じる環境でなかったと思います。

ところが家制度の崩壊によって、血縁同士が集まる機会も減り、困ったときに頼れる親戚もいなくなり、孤独化する人が増えていきました。

さらに、親ときょうだいという、最も近い血のつながりですら疎遠になるケースもあるようです。親やきょうだいは自分の宿命の一つなので、つき合いが疎遠になっている人は、傍《はた》から見ると孤独感がより強いように感じます。

もし今、孤独感が強くなっていたら、自分の故郷や親、きょうだいのもとへ、素直な気持ちで足を運んでみませんか。

素の自分に戻れ、愛情や喜びなど新たな気づきがあるかもしれません。故郷への感謝の気持ちから、矜持《きょうじ》が湧くこともあるでしょう。

さて、現代は血縁の関係が薄くなってしまったかわりに、他者との縁を紡いでいくことが多くなりました。ご近所さんや趣味の集まり、同好会なんでもいいので、自分から動いてご縁をつくってみませんか。

自分から動けば、一つや二つ出会いが必ずあるものです。

散歩途中で犬を連れたご近所さんに会ったとき、犬がしっぽをふって近づいてきたら撫《な》でてみる。そこから会話ができてご縁がはじまるかもしれません。

また、新型コロナ騒動を境に移住をするケースも多くなったようです。

自分から動けば新しい環境でも、ご縁は必ずできます。いつでも楽しむ気持ちを持っていれば、人生に起こる出来事や遭遇する出会い、すべてが幸せにつながるのではないでしょうか。

14

# 五感を発動させましょう！

## 自分本来の力があなたを輝かせます

五感とは感性の入口、すなわちわたしたちや動物が、外界を感知するために備わっている「視る、聴く、触わる、味わう、嗅ぐ」の身体的感覚のことです。

ご先祖様が生きた時代は、自然と共生する生活だったので、五感がしぜんに磨かれていました。五感と思考の調和もとれていたように思います。

現代のわたしたちは、自然との距離が遠ざかり、昔ほど五感を使った生活をしなくなったので、だいぶ鈍くなっています。また物事を理屈で考えることが優先され、五感と思考の調和も崩れてきてしまいました。

五感が鈍るとなぜよくないのでしょうか。

一つは、感動や感謝の気持ちが薄れることです。たとえば一杯のお茶の美味《おい》しさにまったく無反応だったり、茜《あかね》色の夕日や満月の輝きにも、感激なんて湧かないかもしれません。聴覚も嗅覚も触覚も同じでしょう。

また、五感が磨かれると、自分に備わっている力が発揮しやすくなることもあります。判断力、選択力、決断力、行動力、交渉力などです。

たとえば、目の前のものに対して「好きか、嫌いか」「心地よいか、不快か」、人と対立したときに「意固地になっているのか、相手が理不尽なのか」「許容できるか、できないか」など、自分にしかわからない〝判断基準〟を敏感に感じとれるようになります。

すると行動するときに、自分の感覚を信じて選べるようになり、選択に迷いがなくなります。必要な情報も選択しやすくなり、人との交渉もうまくいくでしょう。ときには身のキケンを察知してくれることだってあります。

五感は自分の存在や命を輝かせる大事な「支え」になってくれるのです。

「幸せになろう、自分らしく生きよう」という心持ちは本来、五感と思考の調和があって生じるものです。筋の通った生き方をしていたご先祖様は、五感と思考の調和がとれていたからだと、わたしは考えています。

理屈でばかり物事をとらえないで、五感を磨く生活を心がけてほしいと思います。

15

# 自分の存在は小さい？ 大きい？

## 宇宙の目線で悩みの「小ささ」を知りましょう

五感の話の続きをしたいと思います。

現代に生きるわたしたちは、五感を意識して使わないかぎり、確実に鈍っていきます。街路樹の新緑や紅葉がせっかく美しいのに、スマホを見ながら歩いていては、その美しさに気づくことすらできない。自分の五感を自ら閉じて生活しているに等しいのです。

五感は博物館やコンサートなどでも磨くことはできますが、自然のなかに身を置くことを、とくにおすすめしたいと思います。

自宅で植物を育てるのもいいでしょうし、近所の公園、ちょっと足を延ばして海や山へ出かけるのでもいいでしょう。

日本は森や海に恵まれ、そして四季にも恵まれている国です。春夏秋冬によっていろんな自然美を楽しめるのです。

浮世絵に描かれた江戸時代のご先祖様の暮らしぶりを想像すると、美しい自然の風景や、それを重んじる「花鳥風月」を愛していたことがわかります。ご先祖様は、五感と思考が磨かれていただけでなく、情緒も豊かだったのですね。

桜並木や梅園、大名庭園、神社仏閣の大木など、ご先祖様が残したものは全国至るところにあります。その美しい風景を、現代のわたしたちが今、楽しめることに感謝の気持ちが湧きます。

さて、自然の美しさや雄大さに感動できたら、今自分が立っている足元に視線をやってみてください。小さな虫たちが食べ物を一生懸命になって運んでいる姿が目に入ります。その姿を見て、自分の大きさを感じることができるでしょう。

そのいっぽうで、空に視線を向けてみてください。雄大な空や宇宙の目線になれば、自分を俯瞰することができます。今度は、自分がさっきの虫と同じ小ささを感じるでしょう。

そう、この世界での自分は「小さくもあり、大きくもある」のです。

今、困難ごとを抱えて、閉塞感に苛《さいな》まれていたら、宇宙の目線で自分と悩みごとを眺めてみませんか。

その悩みごとは、砂粒よりずっと小さいことを実感できるかもしれません。

宇宙から見れば、自分の悩みなんて「なんだ、たいしたことじゃないなー」、そんな気持ちになれば、少しは心がラクになっていくのではないでしょうか。


本章で紹介してきた〝幸せを感じて生きるヒント〟を、あなたの毎日に役立てていただければ幸いです。


そしてもう一つ、幸せを感じて生きるために、大事な視点があります。

それは「死後の世界と魂」の存在です。生きることの意味の全体像がわかるからです。

幸せとは何かを考えるとき、今を生きている〝この世〟だけでなく、〝あの世〟から自分を見る視点も必要だと、わたしは思っているのです。


次章ではご先祖様の死生観を通して、あの世の魂を見ていきましょう。

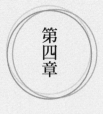

# 第四章

# 魂は「不自由な世界」を味わうためにやってきた

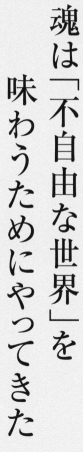

# 生死のバランスが崩れてしまうと？

わたしが生まれたころは、自宅で死を迎える人が八割近くいました。わたしが医師として働きはじめたのは一九八一年です。この少し前から日本人は、病院で亡くなる人のほうが多くなっていきました。

大正から昭和初期にかけて流行《はや》った結核でも、多くの人が自宅で亡くなりました。その同居人が病にかかった人のお世話をしていたのです。

当時は病人もお世話する側も「死」がどういうものか間近で体験し、大人も子供も家族全員が「死」を共有できていたように思います。

だから、当時の人は、生きていることを当たり前ととらえず、死を遠ざけることもなく、きちんと向き合っていたのだと考えられます。

死にきちんと向き合うことをすれば、しぜんと一日一日をしっかり生きようという気持ちが湧き、同時に一日を無事に過ごせることに感謝もできたのです。

それが今は「死」が遠のきました。

生きていることを当たり前に思ってしまうだけでなく、生きるとは何か、死とは何かという死生観を学ぶ機会を失い、いたずらに死を忌み嫌い遠ざけています。


その結果、「生と死」をとらえるバランスが崩れ、死だけが突出して怖いものになってしまったように感じます。

怖いから逃げる、目をそらす。さらに死後の世界や魂のことなど想像すらしなくなる。大人がそうなので、子供に教えることもできなくなりました。


現代のわたしたちの姿を見て、ご先祖様はどう思うでしょうか？　死や魂って遠ざけたり恐れたりするものではないのになあ、と思っているかもしれません。

死が怖いというのは、たんに「知らない」だけ。学べばその実態がわかり、怖さはなくなるものです。

そんな話をこれからしていきたいと思います。

# ご先祖様の魂と一緒に過ごす行事

古来、我が国では「肉体が滅んでも魂は生き続ける」と信じられていました。それはどの家庭でも行っていた、ご先祖様を供養するお盆の行事に表れています。おじいさんやおばあさん、その前のご先祖様の魂が、あの世からこの世に帰ってくるのです。それはけっして怖いものではなく、むしろ嬉《うれ》しく楽しい行事でした。

地域によって異なりますが、七月か八月の一五日の前後数日間、お盆の行事が行われます。「迎え盆」は夕方までにお墓参りをすませ、魂が迷わないように家の玄関先や仏壇に灯《あか》りをつけます。そして、あの世に帰る「送り盆」まで、家族はご先祖様の魂と一緒に過ごすのです。

キュウリを馬に見立てた精霊馬と、ナスを牛に見立てた精霊牛のお飾りは、この期間、ご先祖様となるべく長く一緒にいたいという気持ちを象徴しています。ご先祖様の魂を迎えるときは馬に乗って少しでも早く来てもらい、送るときは牛に乗ってなるべくゆっくりあの世へ帰ってもらいたいという思いが込められているのです。

親から「ほら、おじいちゃんが帰ってきたから挨拶しなさい」と促されて仏壇に挨拶をしたその瞬間、ろうそくの炎がフワッと大きくなり明るくなった、なんていう経験をした人もいるのではないですか。

春と秋のお彼岸や正月も、家族全員が集まってご先祖様の魂を供養したものです。

それが、大正生まれの人たちがこの世を去りはじめた一九八〇年代を境に、こうした行事をする家庭が減っていきました。

行事をしたくとも、独り立ちした子供は実家を離れて都会で働くのが当たり前になり、家族全員が集まりにくくなった事情もあります。

ご先祖様が昔から信じていた、死後の世界と魂の存在は、行事とともに薄れてしまったのです。

# 魂と肉体が一つになったのが、わたしたち〝人間〟です

さて、ここからは人間の魂と肉体について、わたしなりの言葉でご説明しましょう。

わたしたち人間は、「魂」が「肉体」に乗って活動をしています。

この世に生まれ、あの世に行く日までの間、魂と肉体は一緒になって活動する。それが「生きている」ということです。

二つはクルマの運転手と車体のような関係です。

魂が運転手で、肉体がクルマ。クルマの形や機能、大きさはさまざまですが、魂は運転手の視点でクルマを選びます。


肉体は、重さがあり動かしにくく老化していき、またときに病気になったりしますが、それによりこの世でしかできない学びを得られます。

そして、一人一人に寿命が訪れると、魂が肉体を捨て去るときがきます。

これが「死」です。

〝あの世へ行く〟とか〝他界する〟という言い方をしますね。

一般的に言われる「霊」は、肉体と結ばれていた玉の緒（英語ではシルバーコード）が切れて魂が肉体を捨てた後の状態を指します。

なお脳は、魂が肉体に収まっているときに行う意識活動において制限の大きい働きをする変換器です。

魂は肉体に収まっているときに目や脳を介してモノを〝見て〟はいますが、それは、後ろが見えない視野の目や鈍重な脳などが相まって、本来魂が見る全方位クリアな景色に比べて限られた視野や劣化した画質のものとなります。ほんとうにモノを見ているのは魂そのものです。

ちなみに、魂は「意識」という言葉に置き換えてもいいでしょう。

# 夢を見ているとき、魂は自由に動きまわっている

魂と肉体の活動の、代表的なわかりやすい例が「夢」です。

夢は、どなたでも寝ているときに見るでしょう。あれは、魂が肉体から出て自由自在に活動している状態です。

このときの肉体は、電源が入ったままの状態とも言えるので、寝ていても心臓は動いています。

夢では、時空を超えたり、空を飛んだり、大海原を泳いだり、魂は自由活発に活動します。だから、行ったこともない場所に行ったり、見たこともない景色を見たり、遠く離れている友人と会って遊んだり、職場の苦手な上司と会話したりするのも、不思議ではないのです。

そして朝になって目覚めるころを見計らい、魂は肉体に戻ってきます。

現在の脳科学者は、夢を「脳内の現象」と言い、また「内臓の疲れ」だとか「記憶の反映」だと言う医師もいます。

でも、脳内の現象、内臓の疲れや記憶の反映というのは副次的なもので、魂が肉体から離れて引き起こす現象なのです。

## 「体外離脱」も魂の活動の一つです

少し視点を変えて、わたしが医療の現場でよく目にした「臨死体験」「体外離脱」を例にとりながら、魂と肉体の活動についてお話ししましょう。

これらも夢と同様で、魂が肉体から緩んだ現象と考えています。

事故や病気などで意識がなくなったとき、魂は肉体から出て、いわゆる〝三途《さんず》の川〟に行っています。このとき肉体は電源が入ったままの状態なので、肉体は生きています。

そして魂が三途の川を渡らずに肉体に帰ってきたとき、意識は戻ります。

いっぽう、魂が肉体の電源を切って肉体に帰ることをやめたとき、死んだ状態になるのです。

現代では多くの科学者が、魂を実体のないものとして片づけてしまいます。でも、カタチのないものを証明しろ、というのは、とうてい不可能なことです。

しかし、たとえ証明できなくても、実際に目の前で展開される生死の営みの不思議を見れば、魂の存在について確信が持てるのです。

わたしが救急の現場にいたころにいろいろ体験した、西洋医学だけではとうてい説明のつかない不思議な現象も、魂の視点で考えてみれば、きちんと筋が通ります。

昔の人は魂の存在だけでなく、不思議なことが起こったとしても、「そういうこともあるよね」と、すんなり受け入れていたように思います。

自然界は、もっと不思議な現象に溢《あふ》れているのですから。

魂も死も、そのなかの一つにすぎません。

魂は人間を動かす原動力であり、それは宇宙の大本からきていると、わたしは思っています。

# この世とあの世のある場所はじつは同じ!?

ところで、魂の構造はどうなっていると思いますか。

「量子論」という最新の分野では、魂の存在について考察した論文が見られるようになってきました。

それらの知見と、これまでわたしなりに経験してきたことを総合して「魂の構造」を話してみたいと思います。

わたしたちが今いる世界をどんどん拡大していくと、小さな粒々が雲のようにもわっとした状態で存在しています。

人間はもちろん、食べ物、服、スマホ、パソコン、家、クルマ……どれもどんどん拡大していくと「分子」になり、さらに拡大すると「原子」、さらに拡大すると「原子核と電子」というように、物質はすべてが粒々で構成されています。

このいちばん小さな粒々を湯川秀樹先生は「素領域」と呼びました。

この世界は三次元を構成する素領域、四次元を構成する素領域、五次元を構成する素領域……というように、多次元の層が重なり合って成り立っていると考えられています。

わたしたち人間には、低い次元は認知できますが、個人差はあれ、高い次元の認知は容易ではありません。


魂が「この世に来る」ということは、三次元の世界に来るという意味です。

高い次元にいた魂は、三次元の世界で人間として生まれ、死んだらまた高い次元に戻ります。

死後の世界とは、わたしたちがいる世界から遠く離れた場所にあるのではなく、次元が違うだけで、同じ空間に存在していると考えられています。

「中今《なかいま》」状態になると、高次元の世界を感じとることができます。

おそらく縄文時代の人たちは、感性も理性も磨かれ、中今で生きることが当たり前だったので、魂を感じとる力を強く持っていたのではないか、とわたしは思っています。

# あの世が「家」で、この世は「旅先」です

魂にとって、あの世が家で、この世は旅先だということです。


では、魂の旅の目的は何なのでしょう?

それは「魂(自分自身)を磨くため」です。

なぜ魂を磨く場が、この世なのか?

それは、我が家であるあの世は自分の意識したとおりの世界なので、快適すぎるからです。しかし、この世では肉体を通して活動するので、いろいろと不自由さが出てきます。


まず体を通した活動では、食べ物を調達しなければなりません。赤ちゃんのころは親やまわりの大人が面倒を見てくれますが、独り立ちした後は自分でお金を稼ぐ必要がありま す。

会社に勤めたり、自営したりしてお金を得ます。その過程で人間同士のイザコザ、仕事の諸問題、肉体的な健康面、あるいは恋愛や結婚、子育てなどをするなかで、たくさんの問題に見舞われます。

この世は不自由に満ちていて、あの世のように思い通りにいきません。

でも、魂はあえて不自由な環境下でそういう体験をしようと、この世に旅に出てきているのです。

魂は「旅のテーマ」も自分で決めてきます。

たとえば「人の温もりを経験する」「歌で人を喜ばせる」「子育ての苦労を知る」など。

盲目のピアニスト辻井伸行さんのように、「心でピアノを弾く」をテーマに、自ら障害を持つことを選んでくる人もいます。

また、大きなテーマばかりでなく「ケンカしていたきょうだいと仲直りする」というのももちろん入ります。

さらにそのテーマに沿って「時間、場所、性別、両親」を自分で決めます。
それが「宿命」と呼ばれるものです。
自分で選んだ母親の体から「オギャー」と生まれる。
これが、今生きているわたしたちの姿なのです。

わたしたちはみな、誕生から他界まで、この世での体験を通して魂を磨きに来ている旅行者だということがわかれば、あなたの目の前の景色や出来事が少し変わって見えてくるのではないですか。

そして、わたしたち一人一人の存在も役目もすべて違う、という理由もおわかりいただけるのではないでしょうか。

# 人は「やり残したテーマ」を解決するために生まれてくる

人はテーマを持ってこの世にやってきます。

寿命がきて、肉体が滅び、あの世へ帰った魂は、テーマを解決できたかどうかを自分で振り返ります。このプロセス、「レビュー」はなかなか大変です。

それは、ひとことで言うと「やり残し」があるかを、魂が感じとるのです。

自ら判断する、というのがポイントだとわたしは思います。

自分にはウソをつけないので、おそらく容赦なかったり、厳しい評価になることが想像されます。

魂を磨くことに終わりはなく、永遠不滅と感じています。

そもそも一回の人生でさまざまな真理を理解できるほど、物事は浅くはありません。現に、今生きているあなた自身、そう実感しませんか。

仕事も育児もなにもかも、すべてにおいて物事がわかった、ということはないでしょう。

仕事にエネルギーを注げば、育児に注ぐ時間が足りなくなる。何かに注力すれば、何かがおざなりになる。

人生とはそういうものです。

とくに、魂磨きを一生懸命やればやるほど学びは深くなり、時間が足りないと感じるでしょう。

「やれやれ、こんなつらい経験は二度としたくない」と思っても、いざ自己評価するときには「今度は違うテーマにしてみようかな」などと、さらに好奇心が湧くかもしれません。

あの世で評価を自ら下すとき、誰でも「やり残した感」がきっとあるように思います。

魂磨きは永遠不滅。そして「やり残したテーマ」を解決するために人は幾度も生死を繰り返し、あの世とこの世を行き来しているのだと、わたしは考えています。

# 寿命は「長ければいい」というものではありません

さて、この世でのテーマがほどほど解決すると、魂はあの世に帰ることができます。あの世への帰り方は、「病気、怪我《けが》、他殺、自殺、老衰」のどれかです。

そして、どのように死んでも、先にあの世へ帰った人が迎えにきてくれます。

「寿命は長ければ長いほどいい」と思っている方が多くいらっしゃるようですが、そんなことはありません。

実際、明治維新を起こしたたくさんの幕末の志士たちは、二〇代という若さで亡くなりましたが、利己的な心よりも祖国の将来を考えて、懸命に行動しました。その功績がとても大きいことは、誰もが認める事実でしょう。

早死には、けっして不幸なことではありません。

早くに子供を亡くされて、自分ほど不幸な人間はいないと、いつまでも嘆いている親御さんがいます。

しかし、亡くなったお子さんの魂自身は、自らテーマに見合った寿命を選んできているのですから、全然悲しんでいません。

寿命の長さと、魂磨きの内容は、まったく関係がないのです。

大事なのは「魂を磨く生き方」をしたかどうか、です。

# 動機さえ純粋ならば結末はハッピーになる

昔の人は、魂が永遠で何度も生まれてくることを直観的にわかっていたのだと思います。

だからこそ、「今の人生に責任を持とう」「お天道《てんとう》様に恥じない生き方をしよう」と、今を大事にして、目の前のことに懸命に取り組んだのでしょう。

お天道様に顔向けできないような、いい加減な生き方をすると、魂を磨けないばかりか、また同じ苦しみを経験する。ならば、自分の宿命をちゃんと受け入れて、毎日をしっかり生きようと。子供に手本を示す気持ちもあったでしょう。

残念ながら、お天道様に恥じるような生き方をする人が、今も昔も多く存在するのも事実です。

お金儲《もう》けのために人を騙《だま》したり、自分の利益しか頭にないなどがいい例です。

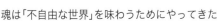

人を騙すことは、自分にもウソをつくことであり、自分を裏切っている何よりのあかしです。

こうした人のエネルギーの質は粗く、あの世では闇の方向へ傾くことでしょう。

この世に再び来るときは、スゴロクのように「振り出しに戻る」状態でやってくると思います。

お天道様に恥じない生き方をしていれば、動機が不純になるはずもありません。

だからわたしは、生きる動機さえ純粋ならば、結末はきっとハッピーになると思っています。

魂が「これがいい！」と、テーマも宿命も自ら決めてこの世に来たのです。必ずいいほうへ進んでいくはずです。

# 素直な心で静かに「魂の声」を聞きましょう

あなたがこの世に来たのは、テーマに沿って魂を磨くためです。

でも、わたしたち一人一人の役目が何なのか、かんたんにわかるものではありません。

なぜなら、自分たちが誕生するのと入れ替わるように、自ら選んだテーマをすっかり忘れてしまうからです。


でも、それでよいのです。

目の前のことを素直な心で受け入れ、一生懸命に取り組むことこそが、この世での魂磨きであり、自分の役目だととらえればいいのです。

目の前にあることのすべては、けっして偶然ではありません。

そこから逃げず、否定せず、ちゃんと向き合って、感謝して、楽しんでやる。これこそが、この世での魂磨きです。

つまり「お天道様に恥じない生き方」そのものでしょう。

もし、不幸や困難な出来事に遭遇して、体がつらすぎて前に進めなくなったときは、自分の胸に手をあて、もう一人の自分、つまり魂の声を静かに聞いてみませんか。

あなたの本心を感じとるのです。

好きなこと、やりたいこと、行きたいところ、その声に素直に従ってみましょう。あなたの魂は、あの世ですべてを決めて、この世にやってきたのです。

自分と自分の魂を信じてください。

次章は、いよいよ最終章です。

一人一人が「ありのままの自分の存在」に自信を持ってＯＫを出せる心の持ち方についてお伝えしましょう。

# 第五章

# 今までもこれからも、あなたのままでいい

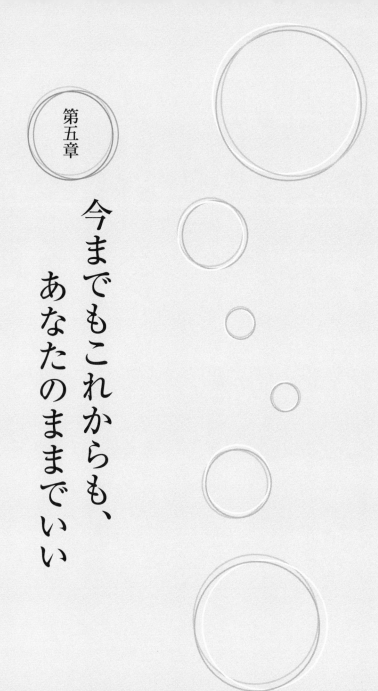

# 「中今」で本来の自分に戻りましょう

一人一人の幸せ感や心の豊かさには、こうすればいい、という物差しがありません。「自分」だけの感覚が頼りになります。

自分の感覚を素直に感じとることができるのが、本書で繰り返しご紹介してきた「中今《なかいま》」です。

中今の状態では、不安や心配、恐れ、嫉妬、無価値感などの感情から、無心や無私、無我夢中の世界へと転換されます。

自分のなかの負の感情が消えると、懐かしく穏やかで安らぐような感覚になり、本来の自分に戻りやすくなります。

また、気分がのらなかったりムラがあるとき、目の前のことになかなか集中できないものですが、中今を心がけると次第に本来の自分に戻れます。

本来の自分とは、中今にある自分です。

そうなると、どんなことが起こると思いますか？

わたしたちに備わっている直観力、これを「天啓」や「閃《ひらめ》き」とも言いますが、それらが高まります。想像力が高まることもあります。

自分がつねにこういう状態にあると、いざというときに、思考をフル稼働させ、「決断力」「行動力」「物事の善悪を見極める」など、いろんな場面で力を発揮しやすく、本来の自分であり続けられるのです。


中今の状態になることは、誰でもいつでも、どこにいてもできるでしょう。

どんな状況にあっても、本来の自分、つまり「ありのままの自分であり続ける」こと。

そして「これが自分のいちばんいい状態だ」と思えること。

これこそ、ほんとうの幸せにつながる大切な一歩ではないでしょうか。


わたしたちは、そもそも、何一つ変わる必要などなかったのです。

column.1

# 「ありのままの自分」を感じる、中今のなり方

(1) ひと呼吸します。深〜く深呼吸するのもいいでしょう。

(2) 目の前のことにまず感謝します。

(3) 気持ちを「今」に向けます。

そして、自分が楽しい！　と感じることを想像します。

それは「喜ぶ」「ワクワクする」「惹《ひ》かれる」「心地いい」「スッキリする」こと、なんでもいいのです。

時間が限られているときは、童心に返ったり、会社の窓から空を見るなど置かれている状況のなかで、楽しいことを想像します。

時間がある休日は、「推し活」や海、森など自然のなかに身を置いて、そこに心を尽くすといいでしょう。

(4) アレコレした雑念、不必要な思考が消えて、頭のなかが真っ白になってきませんか。真っ白な状態を想像するだけでも、中今になりやすいでしょう。

column.2

## 中今になり直覚(直観)を得る

直観と直感はさまざまに解釈されています。直観一つとっても、日本語では仏教用語の般若の訳語で「無分別智《むふんべつち》」とも呼ばれています。

それが最近では、「プロ棋士が直観的に次の一手を選ぶ思考回路の発達が長年の努力によるもの」という研究結果がなされています。これは、分別智の延長として無分別智を獲得できるようになったとも言えます。

直感のほうは「閃き」とも言われ、なんとなく感覚的に物事を感じとる、いわゆる「勘」です。

ここでは、言葉の定義や、事象のメカニズムに深入りせずに一般的な事象として、自分の専門分野などで、血の滲《にじ》むような努力による深い経験の上に、中今状態で〝答え〟を得る直覚(直観)としてとらえればよいかと思います。

実際に理論物理学者の保江邦夫先生は、アウトバーンを走っているときに急に生じた静寂のなかで、後に確率変分学分野の基礎となった〝保江方程式〟がパッと額の裏に浮かび上がったとのことです。

# 自分にあるものだけで、すでにじゅうぶんなんです

みなさん、自分は不完全な人間だと思っていませんか。

それは違います。

わたしたちは生まれる前から、すでにいろんな力を備えてこの世にやってきたのです。

万全の準備をして、宿命を決めて来たのです。

だから、わたしたちは本来、すでに満たされた状態にあるのです。


「何かが不足している」「不完全で未熟だ」と思うのは、じつは大きな思い違いで赤ちゃんのときに、すっかり忘れてしまっていただけなんです。

ですから「何か足りない自分」ではなく、「本来の自分でいる」という自覚を持って進んでみませんか。

そうすれば、物事に取り組む途中の道のりでは、自分を卑下することがなくなります。

他者と比較したり、嫉妬したりすることもありません。

そうしてたどり着いた先では、不足感のない毎日を生み出すことができます。

その積み重ねが「なんて豊かな人生なんだろう！」と心底、実感できる日々となるのではないかと思うのです。


その実感は、みなさんの自信や幸せ感をきっと養ってくれるはずです。

他者が言う意見や批判を真に受ける傾向がある人なら、上手に流すことができるようになるでしょう。自分の本心に従って物事を決めることが多くなり、「自分の心の奥底から湧いてくる気持ちを優先するのがいちばん！」という心持ちに変わってきます。

自分のことを誰よりも心配してくれるのは、じつは〝自分自身〟なのです。

そして、自分と違う人がいるからこそ、自分という存在の価値が実感できるのだとわたしは思います。


ですから、自分にもともと備わっているものを、ちゃーんと使いこなせさえすれば、すべてはうまくいくのです。

# 今、ここで、いつでも、一瞬で幸せになる

見えない幸せを探るためのヒントになるのが、わたしたちの「内」にある価値観、自然観や歴史観、死生観などを知ることです。

それを、一人一人が探り、明らかにすることは、目に見えない幸せが叶《かな》うポイントになります。


本書では、わたしなりに得たご先祖様の姿をご紹介してきましたが、みなさんなりの視点で、昔の人が生きた時代の「幸福観」を探ってみませんか。

「探って明らかにする」行為自体が、幸せへの一歩になるとわたしは思っています。幸せというのは無限にあることが、きっと見えてくるでしょう。

一人一人、感じとることは違うでしょう。

でも、それが素晴らしいのです。

そして、それぞれが探り当てた「目に見えない幸せ」を叶えること。つまり、一人一人がありのままでいられることこそが、本来のあるべき姿なのだと思います。

たとえば、お金は目に見える幸せの最もわかりやすい象徴です。

経済が低迷する今、お金を得るための仕事や年金額が減る傾向にあって、焦りや不安、心配を抱くことが多いでしょう。

その不安を、お金を「稼ぐ」ことに向けるのではなく、「今あるお金でなんとでもなる！」と、意識を転換したら、どうでしょう。

「新しいモノを買う前に修理しよう」「物々交換できる人とのご縁をつくろう」など、新たに生活を見直す人たちが現に増えてきていますね。

知恵や工夫を創出することが、自分の「内」を輝かせ、心を満たすはじまりだとわたしは思います。

見えない幸せや心の豊かさとは、一人一人の意識によって実現されるものです。

ですから、今、ここで、いつでも、一瞬で幸せになることができるのです。

# 魂と体が「食べたい！」と思うものを選ぶ

「ありのままの自分でいい！」と、つねに感じられるには、健全な魂と体があってこそ。魂と体が喜ぶ「幸せ」な習慣を心がけませんか。

ここでは、食事の習慣をご紹介します。食事は肉体をつくるために欠かせないもので、幸せにつながる最も身近なことです。

◎和食を中心に据える。

米、野菜、魚は、なるだけ自分の住む近くで獲《と》れたものを選ぶ。

地元の農家さん、漁師さんを応援する意味もあります。

◎醤油《しょうゆ》、味醂《みりん》、味噌《みそ》、塩などの基本調味料は、昔からの伝統製法でつくられたものを選ぶ。

とくに塩は、自然海塩が、ミネラルバランスの面ですぐれているので、健康の維持に大事な役目を果たします。

◎食べすぎない。

これも昔から「腹八分」と言われるように、ご先祖様たちがしっかりと子孫に伝えてくれたものです。

◎食べ物をつくって、運んで、売ってくれる人に感謝する。

輸入のものであっても、感謝の気持ちは同じです。

そして何より、その日そのときに「食べたい！」と欲しているものを、あなたがちゃんと体の声を聞いてあげて選ぶこと。

つまり、自分にとって幸せな食事は、自分にしかわからないのです。栄養学やカロリーなどにとらわれなくていいのです。あなたの五感や直感を信じてください。

幸せな食習慣は、あなたの命をいっそう輝かせ、幸せに導く支えになってくれます。

# あなたが幸せなら、すべてがうまくいく！

「ありのままでいい！」と自信を持って、自分にＯＫを出せる心得を挙げてみました。

◎理屈で物事をとらえたり、他者の目線や評価で自分を承認したりする癖から距離を置き、全体的な視点を持ってみる。これは「お天道《てんとう》様や宇宙の目線」と言い換えてもいいでしょう。

◎自分に備わる「感性」「理性」「直覚力」「死生観」などのアンバランスを、ご先祖様のようにバランスがよくなるよう、少しずつ取り戻す。

◎自分の魂と体が楽しいことや喜ぶことをする。

たったこれだけで、目の前に起きる不安や心配、憂いや煩いなどの負の感情が、なんだか懐かしくて安らぐような感情へと一変するでしょう。

安らいだ感情が生じると、本来の自分に戻ることができ、命の精気が湧いてきます。魂も体も元気な状態になれば、目の前のことに興味や関心が湧き、いろんなことに、ワクワクしながら楽しめるようになるでしょう。

結果をアレコレ心配することもなくなり、無心で取り組んだ後は、どんな結果にも満足感が得られると思います。

その満足感は、大きな幸せそのものです。

そうなれば、もう大丈夫。

見えない幸せとは、遠くにあるのではなく「今」にあり、そしてあなたの「内」から湧き出てきます。

ありのままの自分で、すべてがうまくいくようになるのです。

# 替えの利かない、あなたとわたし

「ありのままの自分でいい」とみんなが言えるようになると、どんな風景が待っていると思いますか？

人と集まるときや初めて出会う人に対して、互いに自分の肩書や出身など、虚勢や見栄を張らず、劣等感もない「素の自分」でいられるようになります。

現代を生きるわたしたちは、つねに成長を求めたり求められたり、成功や富、名声を気にしたり、何かを成し遂げないと無価値な存在だという思いにとらわれたりします。

そして、いつしか自分を見失い、自分を卑下したり、他者をそういう目で見るようにもなってしまいます。

はたして、そういうことは自分の本意でしょうか。

人同士が集まったとき「素の自分の席がある」と落ち着き、安らぎますよね。

「自分も他のみんなも、いてくれたらそれだけでいい」

「わたしたち、みんな替えが利かないんだよね」

こう言われると、照れくさいけれど嬉《うれ》しい気持ちになりませんか。

成功者や有名人を過剰に称《たた》えたり、成長しなければ無価値だという評価基準は自分の思い違いだということに気づきましょう。


わたしたちは、目に見える幸せばかりにとらわれすぎていて、存在することの価値をすっかり忘れていただけなのです。

そこに気づけば、わたしたちは、そもそも自分以外の何者かになる必要がないことがわかります。


本来の自分、すでに持っている魂と体を生かす。これこそが、お天道様（宇宙の大本）がわたしたちに与えてくれた役目なのです。

# お天道様はいつもあなたを見ています

宇宙の大本である高次元の世界から三次元を見ると、わたしたちはほんとうに小さい存在、まるで〝砂粒のような自分〟です。

これはわたしが日ごろ体験している話になりますが、自分が高次元につながると、お天道様はちゃんと見てくれていることがわかるのです。

その瞬間には「砂粒のような自分でも、見守ってくれるなんて有り難いなー」という感謝の気持ちが湧いてきます。そして、全身が得も言われぬ温かいエネルギーに包まれるのを感じます。

「感謝」というのは、「愛」にとても近いものだとわたしは思います。

お天道様は間違いなく、わたしもあなたも見ていてくれることを知ってください。

その愛情に包まれて、わたしたちの魂や肉体は、唯一無二の存在として、どんなことがあっても「替えの利かない」価値を持つのです。

いつか、あなたの寿命がきたら、魂はあなたの体から去って、あの世へ帰ります。そして再び、別の体に宿って、あなたとは違う人間がどこかで誕生します。

今、存在するあなたの魂と体との合体は「一度きり」。今しか存在しない唯一無二のものなのです。

わたしもあなたも、尊くかけがえのない命を、一日一日、輝かせませんか。

二度とやってこない「今」というこの瞬間を、慈しむように、楽しみながら、感謝の思いを添えて。

その先には、偏屈、おっちょこちょい、短気、泣き虫など、人と違うどんな性質も素直に受け入れられる自分に出会うでしょう。

わたしもあなたも「何も変わる必要のない、ありのままの自分でいい」と、自信を持って自分自身にＯＫを出せるようになるのです。

## おわりに

# 視座を変えると見えてくるもの

日本の社会は生きにくさがいっそう増していると感じるのは、わたしだけではないでしょう。

とくに新型コロナの騒動を契機に、政治をはじめ経済、学校教育、人々の暮らし（実際、給料は減り、仕事する時間は増えている）、道徳観など、さまざまな場面で著しく劣化していることを感じます。

この劣化を、少し視座を変えてわたしなりに見てみたいと思います。

今、目の前に起きている出来事は、西洋の特定の文化を世界規準と称して、世界各地に急速に均一的に普及させること（グローバリズム）の行き詰まりを示唆しています。

行き詰まりは文化の終焉《しゅうえん》、そして新しい文化が生まれることを意味します。

つまり「今」という時代は、その転換期（狭間《はざま》）だとも言い換えられます。

この劣化は、じつは日本だけでなく、世界中で起きています。どの国でも一様に社会の混乱をまねき、人間の力だけでなく、グローバリズムを支えるはずの市場競争力や政治力までが低下しているのです。

そして、そこに生きる人々も、グローバリズムの弊害に疲弊しています。

行きすぎたグローバリズムは、地球全体の人々に幸せをもたらすことが「不可能」とわかった今、じつは、世界中の人々は、新しいカタチの幸せ、つまり「お互いが協調していく安心感と幸せ」を日本に求めているとわたしは思っています。

と言うのは、日本は西洋とはまったく異なる歴史や文化を培ってきた国であるのに、西洋の近代文明を積極的に貪欲に取り入れ（敗戦によってアメリカの強い影響はあったにせよ）、世界に誇る豊かさを実現したのです。

西洋の近代文明もじゅうぶん知り尽くし、西洋とは違う歴史と文化を持つ国は、世界を見渡しても日本しかないからです。

いっぽう、日本は唯物的な幸せを手にしましたが、反面、本来持っていた日本人の精神性を荒廃させました。

道徳心、勇気、智慧《ちえ》、自律心……目に見えない価値観や特長をなくしたとも言えます。

そのため、わたしたちは今、必死で「お互いが協調していく安心感と幸せ」を模索しているところです。

この模索する「目に見えないモノによる幸福観」こそ、じつは新しい文化の下支え、大事な要素になるとわたしは思っています。

## 日本の価値は、すべてを壊さず「包みこむ」

日本は古来、唯物的な幸せの象徴である「モノ」にも神様が宿ると言って、自然や人と同じように感謝する独特な価値観を有してきました。

昔の人が、モノをかんたんに捨てなかったのは、こういう発想が残っていたからです。

おそらく、列強に伍《ご》してきた国でこの発想を持つ民族は世界を見渡しても、我が国だけでしょう。

そういう独特な価値観や文化、歴史が、諸外国の人々を引き寄せています。

現に、日本を訪れる観光客は、日本製のモノを買うだけでなく、日本の文化や精神性に触れる目的もあるようです。

今、世界の人々が求めているのは、すべての要素を壊さずにまるごと包みこむシステムではないかとわたしは思っています。

日本という国は、それを生み出すことがじゅうぶんにできると思います。

「真心や思いやり」という思想がもともとあるので、他国の文化や歴史を排除する気持ちになりません。全体を包括する考え方をするのです。

わたしたち日本人の幸せにつながることは、じつは世界の人々にもつながることなのです。

ですから、みなさん。もっと自信を取り戻して、自国の足元を見直してみませんか。

それが自分、まわりの人（他者）、自然界、世界の人々、新しい文化の糧となるべく、一つにまとまるようになっていくのです。

そこにあるのは、感謝して中今《なかいま》を生き切ることです。そして、そのような生き方をすることで、一人一人が自分の役割を知り、社会が有機的・機能的に動くようになる方向に進んでいくことと思います。

本書で述べさせてもらったことが、みなさん一人一人の幸せを考えるきっかけになっていただけると幸いです。

〝強気に陽気に元気に〟の心持ちで「今」を生きていきましょう。

それこそが、あなたに備わる素晴らしい力、あなたの「内」にある無限の可能性を発揮させるのです。

二〇二三年九月吉日

矢作直樹

〈著者紹介〉
矢作直樹（やはぎ・なおき）
東京大学名誉教授。医師。1981年、金沢大学医学部卒業。82年、富山医科薬科大学の助手となり、83年、国立循環器病研究センターのレジデントとなる。同センターの外科系集中治療科医師、医長を経て、99年より東京大学大学院新領域創成科学研究科環境学専攻および工学部精密機械工学科教授。2001年より東京大学大学院医学系研究科救急医学分野教授および医学部附属病院救急部・集中治療部部長となり、16年3月に任期満了退官。株式会社矢作直樹事務所を開業。著書は『人は死なない』（バジリコ）、『おかげさまで生きる』（幻冬舎）、『お別れの作法』『悩まない』（以上、ダイヤモンド社）、『悩まない生き方』（三笠書房〈知的生きかた文庫〉）、『自分を休ませる練習』『自分を好きになる練習』（以上、文響社）など、多数。

装丁・本文デザイン……萬見初枝
組版……朝日メディアインターナショナル
構成……福辺由香吏
協力……赤尾由美
校閲……株式会社ぷれす
編集……新井一哉（サンマーク出版）

替えの利かない「あなたとわたし」

2023年12月 1 日　初版印刷
2023年12月10日　初版発行

著　者　矢作直樹
発行人　黒川精一
発行所　株式会社 サンマーク出版
東京都新宿区北新宿 2-21-1
（電）03-5348-7800
印　刷　中央精版印刷株式会社
製　本　株式会社村上製本所


ISBN978-4-7631-4088-3　C0030
ホームページ　https://www.sunmark.co.jp